乡村休闲旅游与
农村产业经济发展

周　芳◎著

吉林出版集团股份有限公司
全国百佳图书出版单位

图书在版编目（CIP）数据

乡村休闲旅游与农村产业经济发展 / 周芳著 . — 长春 : 吉林出版集团股份有限公司 , 2022.9
ISBN 978-7-5731-2045-8

Ⅰ . ①乡… Ⅱ . ①周… Ⅲ . ①乡村旅游－休闲旅游－研究－中国②农业产业－产业发展－研究－中国 Ⅳ . ① F592.3 ② F323

中国版本图书馆 CIP 数据核字 (2022) 第 153609 号

XIANGCUN XIUXIAN L ÜYOU YU NONGCUN CHANYE JINGJI FAZHAN

乡村休闲旅游与农村产业经济发展

著　　者	周　芳	责任编辑	刘晓敏
出版策划	齐　郁	封面设计	李常晖

出　版　吉林出版集团股份有限公司
（长春市福祉大路 5788 号，邮政编码：130118）
发　行　吉林出版集团译文图书经营有限公司
（http://shop34896900.taobao.com）
电　话　总编办 0431-81629909　营销部 0431-81629880/81629881

印　刷	长春市华远印务有限公司	开　本	787mm×1092 mm　1/16
印　张	12	字　数	200 千
版　次	2023 年 1 月第 1 版	印　次	2023 年 1 月第 1 次印刷
书　号	ISBN 978-7-5731-2045-8	定　价	58.00 元

印刷错误请与承印厂联系

前　言

国外乡村休闲旅游起源于19世纪的欧洲，20世纪40年代中后期第二次世界大战结束以后，得到了迅速发展。尤其在发达国家，战后的半个多世纪中乡村休闲旅游产业不断转型升级，从功能单一、品质较差的乡村休闲旅游初级产品逐步向功能丰富、品质提升、规模扩大、产业联动的现代乡村休闲旅游业转型发展。现已成为世界旅游产业的重要组成部分。我国乡村休闲旅游开始于20世纪80年代，虽然起步较晚，但发展势头迅猛，如今已遍布全国各地。

乡村休闲旅游虽然发展迅速，也取得了瞩目的成就，但也不可避免地逐渐显现出了一些问题，制约着乡村休闲旅游的进一步发展。例如，缺乏统筹规划，旅游产品独特性缺乏，资金回收期较长、经营效益不理想，季节性导致资源的浪费，服务跟不上等。景观农业的发展也存在一些问题，如有的主题雷同、与景区资源特色不符，有的只是为了景观而造景，产出不高，甚至破坏当地生态环境等。因此，有必要统筹规划，使乡村休闲旅游迈上可持续发展的快车道，建设与自然环境和谐的乡村休闲旅游，把乡村休闲旅游与景观农业有机结合起来，充分发掘景观核心价值，延伸景观联动价值，增强乡村旅游活力。从而促进乡村振兴，进一步带动农村各方面基础设施建设不断完善，促进资源高效循环利用，拓宽农民就业创业渠道，增加农民收入。

本书在编写过程中参阅了国内外大量的著作、论文和权威网站的资料，借鉴了众多专家、学者的科研成果，在次一并表示衷心感谢。由于时间仓促，本书在创作过程中难免存在疏漏之处，敬请各位读者指正！

目　录

第一章　乡村休闲旅游产品策略

第一节　乡村休闲旅游产品概述

一、乡村休闲旅游产品的概念

广义产品是指能够满足人们的某种需要和欲望的东西。狭义产品是指由经营者提供给市场，能引起人们注意、获得、使用或消费，以满足人们某种需要和欲望的一切东西。作为旅游者这一具体消费者群所购买的乡村休闲旅游产品，它是一种消费品，具有一般产品的共性。但它是旅游者这一特定消费者群所购买的产品，因而在消费范围及消费特性等方面，与一般消费品有一定的区别。它不是单纯旅游者在乡村休闲旅游活动过程中所购买的一般性商品，而是旅游者在旅游活动过程中所得到的产品和服务的总和。就乡村休闲旅游产品的形式而言，它既以综合乡村休闲旅游产品的形式出现，如各种特定的乡村休闲旅游线路，包括旅游者所需要的乡村休闲旅游线路中住宿、饮食、交通、娱乐等综合性内容；又以单项乡村休闲旅游产品的形式出现，如酒店等旅游企业直接向旅游者所销售的各项产品，旅游购物品则更是以单项旅游产品的形式出现。

二、乡村休闲旅游产品的构成

（一）乡村休闲旅游产品由五部分组成

1. 核心产品

顾客购买的真正利益，即乡村休闲旅游资源、乡村休闲旅游设施相结合的乡村休闲旅游服务。

2. 一般产品

即产品的基本形式，是将核心利益转化为物质的载体，包括乡村休闲旅游产品的质量、特色、风格、声誉、组合方式等。

3. 期望产品

购买者通常希望和默认的一组属性和条件。

4. 附加产品

即附加的服务和利益，如包装、服务、咨询、融资、仓储、送货以及人们所重视的其他价值。附加产品能把公司的产品与竞争者的产品区别开来。旅游产品的竞争，主要发生在附加层次上（发展中国家，竞争主要发生在期望产品层次上）。旅游企业应注意：①增加的附加利益需要成本，顾客愿意额外付款吗？②附加利益马上会变成期望利益（应有的属性）。公司还能进一步找到有特色的附加利益吗？③竞争者的反应？

5. 潜在产品

一个旅游产品可能实现的全部附加与扩展，即发展的潜力，当然附加和扩展是有极限的。

（二）乡村休闲旅游产品构成的内容

从营销角度看，乡村休闲旅游产品是能满足游客在乡村休闲旅游过程中各种需要的综合产品（服务）。而游客的需要是多种多样、千变万化的，因此，乡村休闲旅游产品的构成内容也必然非常丰富，它不仅包括有形的物质产品，也包括无形的精神产品；既包含人类劳动创造的社会产品，又包含非社会的自然创造物；既涉及物质资料生产部门生产的物质产品，又涉及文教、卫生等非物质资料生产部门提供的服务。

第二节 乡村休闲旅游产品生命周期与策略

一、影响乡村休闲旅游产品生命周期的因素

产品生命周期是指旅游产品从开始进入营销直到退出营销所经历的时间过程。在这一时间过程中，产品的销售量和利润都会发生规律性的变化，因此需要不同的营销战略。

产品生命周期是很重要的营销学理论，也是一个旅游企业制定产品策略的基础理论。由于顾客对乡村休闲旅游产品的兴趣和要求随着已被满足的需求在不断提高，也由于竞争者不断推出更好的满足旅游者需求的产品，因此，旅游企业必须随着这些变化不断地改变自己的产品策略和营销策略，这就需要旅游企业了解产品生命周期的影响因素。

乡村休闲旅游产品的生命周期受多种因素的影响，这些因素可分为：

（一）外部因素

外部因素是影响乡村休闲旅游产品在市场上发展状况的外部条件，具体包括政治、经济、社会、竞争、自然灾害等因素。

（二）内部因素

内部因素是乡村休闲旅游业内部的可控因素，主要包括资源、服务与设施因素、管理因素等内容。

影响乡村休闲旅游产品生命周期的因素很多，有自然的，有人为的，有旅游企业因素，有社会因素，有些是可控的，有些是不可控的。乡村休闲旅游企业应清楚地认识到这些影响因素及本旅游企业的产品所处的生命周期阶段，采取相应的策略，尽量缩短产品的投入期，延长成熟期，同时推迟衰退期的到来。

二、乡村休闲旅游产品不同生命周期阶段的特点与策略

处于不同生命周期阶段的乡村休闲旅游产品有着不同的特征，旅游企业必须对其所经营的产品在市场中的位置和发展状况进行正确的判断和预测，采取针对性的策略，随着市场形势的发展变化不断做出调整。

（一）乡村休闲旅游产品的投入期

1. 特点

在投入期内，乡村休闲旅游新产品正式推向旅游市场。表现为新的乡村休闲旅游景点、旅游饭店、乡村休闲旅游娱乐设施建成，新的乡村休闲旅游线路开通，新的乡村休闲旅游项目、乡村休闲旅游服务推出等。在这一阶段：

（1）目标市场的绝大部分消费者不熟悉该产品，对旅游企业生产的产品还缺乏信任或了解，购买者较少。

（2）由于购买者较少，销售量很小，增长也较慢。

（3）由于以上两个原因，再加之旅游企业需要对新产品花费较多的促销费用和当前生产批量小、没有规模经济效益，所获利润少。

（4）竞争者还没有加入竞争，市场竞争不激烈。

2. 策略

在投入期，市场营销工作的重点是不断完善旅游产品，促进市场需求，使产品尽快度过投入期阶段，在市场上站稳脚跟。具体包括以下内容：

（1）致力于生产少而精的品种。从市场来看，有助于旅游者更好地了解乡村休闲旅游产品，并激发他们的尝试心理，购买新产品。从乡村休闲旅游企业来看，可以集中有限的资源，保证产品的质量。同时，通过市场调查研究，了解那些尝试者的购后评价及反应，改进乡村休闲旅游产品之不足，不断完善，逐步定型，初步满足市场需求。

（2）采取适当的市场进入策略，对于乡村休闲旅游产品来说，主要有：

①全面进入。乡村休闲旅游产品一上市，便迅速地推向所有市场。

②逐步进入。在预期市场中，选择某一细分市场作为突破口，乡村休闲旅游产品在该细分市场取得成功后，再分阶段进入其他细分市场。

（3）重点宣传。由于新产品在投入期还鲜为人知，为了广泛吸引旅游者的注意，乡村休闲旅游企业应下大力气进行宣传。具体来说，应侧重对整体产品的宣传，扩大其知名度，使广大旅游者知晓其存在并了解它的基本功效，从而激发他们尝试的愿望，由于乡村休闲旅游产品的其他要素在整体产品这个概念还未被旅游者接受之前，很难促使他们下决心购买，故可做一般性的宣传。

（4）选择销售渠道。通过各个渠道的努力，加速旅游者了解并熟悉旅游产品，打开市场局面。

①双高策略。乡村休闲旅游企业运用高价与较高的广告宣传费用策略，可使旅游企业迅速收回成本，给潜在消费者以“高质”的感觉；另一方面，可使潜在市场迅速了解产品，有利于产品迅速占领市场。

②密集式渗透策略。低价配合高强度的促销，使产品迅速挤入目标市场，目的在于以最快的速度占领尽可能大的市场份额。低价策略可能会使旅游企业在一开始时发生亏损，但价格较低能快速打开市场销路，减少潜在竞争者，使旅游产品具有较高的市场占有率。

③选择性渗透策略。以高价和低促销相配合，降低推销费用，以赚取较高的利润。这种策略适合在市场上具有高度垄断性的乡村休闲旅游产品。

④双低策略。以低价和低促销进入市场，不急于占领市场，逐步扩大市场。采取这种策略的前提是目标市场对乡村休闲旅游产品有相当程度的了解，市场容量较大，消费者对价格较为敏感。

（二）乡村休闲旅游产品的成长期

1. 特点

在成长期，乡村休闲旅游景点、乡村休闲旅游设施建设初具规模，旅游产品基本定型并具有一定的特色。成长期的市场特点：

（1）消费者对产品相当熟悉，消费欲望逐渐增强，加入购买的人越来越多。

（2）销售增长很快。

（3）营销利润以较快速度增加，产品显出较大的市场吸引力。

（4）竞争者已能看清该产品的市场前景，不断地进行仿制和跟随，加入竞争。

2. 策略

乡村休闲旅游企业在这一阶段要及时抓住市场机会，迅速扩大接待能力。策略重点应提高产品质量，增加产品品种，提供系列服务，明确真正的目标市场，努力扩大市场占有率，挖掘潜在乡村休闲旅游市场，探索重点目标市场。

（1）产品方面

乡村休闲旅游企业应改进产品或提高产品的质量，保持产品对目标市场消费者的吸引力，在品种和规模上下功夫。根据旅游产品在投入期的销售情况，及时发现和纠正产品的不足，完善和改进产品的形态、功能和质量，打造企业拳头产品。

（2）促销方面

应从介绍产品转为树立旅游企业形象，提高企业声誉，创立名牌，为旅游企业开发系列产品做准备。如日本文通公社经营的旅游产品都以“展望”为标志来对产品和旅游企业进行促销。在旅游业中，旅游企业形象起着“过滤器”的作用，影响人们对旅游企业产品质量的感知。所以，乡村休闲旅游企业在这时应把促销的重点放在争取潜在顾客上，促使乡村休闲旅游消费者增强对产品和企业的信任。

（3）分销方面

旅游企业处于成长期时，特别要对中间商进行选择，选出对企业和产品的销售有利的中间渠道。对选定的中间商给予相应的优惠，或者及时建立新的分销渠道，以适应销售的快速增长。

（4）价格方面

对于高价产品，由于市场上消费者对价格的敏感度是相当高的，选择一个适当的时候降价，使另（或下）一层次的消费者加入购买，扩大产品份额和增加销售量。如对团体旅游及包机、包船旅游给予一定的优惠，以合理的、有竞争能力的价格，阻止竞争者进入市场。

（三）乡村休闲旅游产品的成熟期

1. 特点

由于游客迅速增加，在产品的成熟期内，潜在顾客已经很少，大多属于重复购买的市场，乡村休闲旅游产品的市场需求量已达饱和状态，销售量达到最高点，后期的销售增长率趋于零，甚至会出现负增长。利润也达到最高点，并有逐渐下降趋势。很多同类产品和仿制品已进入市场，扩大了旅游者对产品的选择范围，市场竞争十分激烈，还有来自更新产品的竞争，差异化成为竞争的核心。

2. 策略

乡村休闲旅游企业在产品成熟期的经营，重点应放在保护市场规模和开拓新市场上，以产品和价格的差异化来吸引顾客。

（1）产品方面

旅游企业应集中力量改进产品质量，提高服务水平，创建名牌产品；根据需求迅速设计和生产旅游新产品，改造现有产品，增加服务项目，注重设施的现代化等，或者根据主客观条件的变化，提前淘汰前景不利的产品，开发新产品，开创新市场。

（2）促销方面

此阶段的促销有所降低，但还需要大量广告和人员推销等活动，以保持和扩大市场，力保名优产品的地位。

（3）分销方面

在此阶段企业要认真评价中间商，对中间商进行检查、更换，由选择性渠道策略向专营性渠道策略发展，进一步疏通销售渠道。同时，给中间商以促销帮助，鼓励他们支持本企业的产品，提供给中间商有关产品的宣传材料，为中间商培训推销人员，对绩效显著的中间商给予奖励。另外，旅游企业应适当增加直销的比例。

（4）价格方面

旅游企业应实施灵活的定价策略，实行优惠价格，运用多种定价技巧以保持原有市场和吸引新的市场。

（四）乡村休闲旅游产品的衰退期

1. 特点

衰退期指产品的更新换代阶段。在这一阶段，旅游新产品已进入市场，正在逐渐代替原来产品。原来的产品中，除少数的名牌产品外，市场销售量日益下降。市场竞争突出地表现为价格竞争，价格不断下跌，利润迅速减少，甚至出现亏损。

2. 策略

企业应适当保留有利润的项目，积极进行产品的更新换代。一旦老产品的销售量和利润下降到最低限度，旅游企业应当机立断，使之退出市场。促销应集中于最好的市场面和销售渠道上，运用营业推广、广告等方式，提醒老顾客。促销的重点应放在有利润的产品上。在分销方面，保留最忠诚的中间商，剔除无利润的销售渠道，做一些乡村休闲旅游新产品的分销计划。价格上或保持原价，或降价以争取游客，阻止销售量的大幅度下降。当产品进入衰退期，旅游企业应进行认真的思考，慎重决定营销策略，以确定产品在什么时间、以什么方式退出市场，处理好善后事宜，使旅游企业能有序地转向新产品的经营。

三、延长乡村休闲旅游产品生命周期的策略

处于成熟期的产品，能给旅游企业带来丰厚的利润，乡村休闲旅游企业的营销策略应着重于延长旅游产品的成熟期。旅游企业通过对产品生命周期客观规律的认识，可运用各种经营策略，延长产品的成熟期，使企业获得最大收益。延长乡村休闲旅游产品生命周期策略概括起来有以下几种：

（一）产品改革策略

对成熟期的乡村休闲旅游产品做某些改进以吸引新的旅游者。产品改进可从产品的质量、功能、形态等几方面进行。如提高服务质量，改进旅游服务设施设备，增设新的旅游服务项目和旅游景观等。每进行一个产品的改进，相当于刺激出一个新的增长点，使产品的成熟阶段得以延长。

（二）市场改变策略

市场改变策略就是为成熟期的乡村休闲旅游产品寻找新的顾客，开发新的市场。具体做法有：

1. 开发产品的新用途。

2. 开辟新市场。

为产品寻找新的使用者，使产品进入新的细分市场。例如，我国的观光旅游产品在欧美主要传统市场上已无潜力，保持这一产品生命力的有效方式就是为观光产品寻找新的市场。韩国、马来西亚市场对我国的渐次开放为此提供了条件。

3. 市场营销组合改进策略。

即对产品、促销、流通渠道和定位进行改进。将这四个因素的组合加以改变，刺激销售量的回升。如提供更多的服务项目，改变分销渠道，增加直销，增加广告，或在价格上加以调整等。

4. 产品的升级换代策略。

即产品根据市场不断涌现出的新需求，不断地实现产品的升级换代。

第三节 乡村休闲旅游产品组合策略

产品的生命周期理论说明了乡村休闲旅游产品在市场上都有从成长到衰退的发展过程，因此，每一个旅游企业不应只经营单一的乡村休闲旅游产品，而应同时经营多种旅游产品，使各种产品处于不同的生命周期阶段，以减少经营风险。这就需要考虑旅游企业的各种产品之间的优化组合问题。

一、乡村休闲旅游产品组合的概念

产品线是指产品组合中的某一产品大类，是一组密切相关的产品，以类似的方式发挥功能，具有相同的顾客群、同一的销售渠道、属于同一的价格范畴等。例如，一家旅行社经营乡村休闲旅游，这是它的一条产品线。若该旅行社同时经营乡村休闲旅游产品、度假旅游产品、修学旅游产品等不同旅游线路，我们称这家旅行社经营多种产品线。又如一家饭店向客人提供住宿服务，这是饭店的一条产品线，无论是单人或双人客房、经济房、豪华商务房等客房，都是为了满足人们旅游过程中的住宿的需要。但无论大饭店还是小饭店，一般不只经营客房，他们还向客人提供餐饮、购物、健身、娱乐等服务，因此他们同时经营多条产品线。

二、乡村休闲旅游产品组合策略

乡村休闲旅游产品组合应以旅游者获得最大满足和旅游企业获得最佳经济效益、社会效益为根本出发点。

乡村休闲旅游产品组合策略一般有以下几种：

（一）全线全面型

即旅行社经营多种产品线，推向多个不同的市场面。如旅行社经营观光旅游、度假旅游、购物旅游、会议旅游等多种产品，并以欧美市场、日本市场、东南亚市场等多个旅游市场为目标市场。旅游企业采取这种组合策略，可以满足不同市场的需要，有利于扩大市场份额，但经营成本较高，旅游企业需要具备较强的实力。这种策略使旅游企业很难在某个细分市场或某种产品上形成竞争优势。因此旅行社在实际经营中很少采取这种策略。

（二）市场专业型

即向某一特定的消费者提供其所需的产品。如旅行社专门为日本市场提供观光、修学、考古、购物等多种旅游产品。或者以青年市场为旅游企业的目标市场，开发探险旅游、修学旅游、青年新婚旅游、女青年购物旅游等适合青年人的产品。这种策略有利于旅游企业集中力量对一个目标市场进行调研，充分了解其各种需求，开发满足这些需求的多样化、多层次的旅游产品。但由于目标市场单一，市场规模有限，旅游企业产品的销售量将受到限制，在整个旅游市场中所占的份额较少。

（三）产品系列专业型

旅游企业只经营一种类型的乡村休闲旅游产品来满足多个目标市场的同一类需要。由于产品线单一，旅游企业经营成本较低，易于管理，可集中旅游企业资源开发和完善某一产品，进行产品的深度加工，树立鲜明的旅游企业形象。但这种策略造成的旅游企业产品类型单一，加大了旅游企业的经营风险。因此，旅游企业应特别重视其产品的改良和升级换代以延长该产品的生命周期。

（四）特殊产品专业型

针对不同目标市场的需求提供不同的旅游产品。如对欧美市场提供观光度假旅游产品，对日本市场提供修学旅游产品，对东南亚市场提供探索访友旅游产品；或者经营探险旅游满足青年市场的需要，经营休养度假旅游满足老年市场的需要等。这种策略能使旅游企业有针对性地满足不同的目标市场，使产品适销对路，有利于占领市场，扩大销售，减少风险。但旅游企业采取此种策略需要进行周密的调查研究，投资较多，成本较高。

三、乡村休闲旅游产品组合优化决策

由于市场环境、竞争形势不断变化，乡村休闲旅游产品组合的每一个决定因素和每一个具体产品项目也应不断变化。旅游企业必须经常分析自己产品组合的状况和结构，对产品组合进行调整，重视新产品的开发和过时产品的淘汰，使旅游企业产品组合达到最优化。

（一）优化产品组合的步骤

优化产品组合的过程，也就是分析、评价和调整现行产品组合的过程。优化产品组合包括两个重要步骤：

1. 产品线销售额和利润分析

即分析、评价现行产品线上不同产品项目所提供的销售额和利润水平。在一条产品线上，如果销售额和赢利高度集中在少数产品项目上，则意味着产品线比较脆弱。为此，公司必须细心加以保护，并努力开发具有良好前景的产品项目。如无发展前景，可以剔除。

2. 产品项目市场地位分析

即将产品线中各产品项目与竞争者的同类产品作对比分析，全面衡量各产品项目的市场地位。

（二）优化乡村休闲旅游产品组合的基本途径

1. 对现有产品的改良。改变一种乡村休闲旅游产品的一个或几个特点。
2. 淘汰过时乡村休闲旅游产品。
3. 开发乡村休闲旅游新产品。

（三）乡村休闲旅游产品优化组合决策

制订乡村休闲旅游产品组合优化决策，首先应对各产品项目在市场上的生命力、发展潜力和趋势进行评价。评价内容包括产品的竞争性、营利性和发展性三个方面。测定这三方面因素的主要指标为：市场占有率、资金利润率和销售增长率。旅游企业可根据这三个指标，对乡村休闲旅游产品组合做出优化决策。

第四节　乡村休闲旅游产品的开发

随着经济、科技的发展，旅游产品更新的速度非常快。随着消费者需求的不断改变，乡村休闲旅游需求也不断发生变化。同时，旅游者对旅游产品质量的要求也越来越高。现在，单纯的乡村休闲观光旅游已不能满足旅游者的需要，旅游者更多地要求乡村休闲旅游目的地的参与性。所以，旅游企业应不断进行新产品开发，适应乡村休闲旅游的发展，是乡村休闲旅游企业在市场上求得生存和发展的重要条件之一。

一、乡村休闲旅游新产品的开发程序

旅游产品的开发具有综合性，涉及旅游吸引物、住宿、餐饮、交通、娱乐、购物等多方面的工作。乡村休闲旅游新产品开发是一个从搜集新产品的各种构思开始，到把这些构思转变为投入市场的旅游新产品止的前后连续的

过程。这个过程包括七个阶段：

（一）构思的搜集

任何产品都是在一定构思的基础上形成的。发展乡村休闲旅游新产品也需要有充分的创造性构思，从中发掘出最佳的可供开发的项目。乡村休闲旅游新产品构思的来源是多方面的。

依照市场营销的理论，顾客的需求和欲望是寻找新产品构思的合乎逻辑的起点。乡村休闲旅游企业生存和发展的条件就是满足旅游者的需求和欲望。所以旅游者对旅游企业和产品的意见及建议，应成为乡村休闲旅游经营者高度重视的产品构思来源。通常，进行市场调查，向旅游者询问现行产品存在的问题来获得新产品构思，比直接要求他们提供新产品构思要更为有效。

（二）构思的筛选

第一阶段产生的构思并非都是可行的，筛选的目的是尽早地发现和放弃那些明显不具可行性的构思，以免造成浪费。一般要考虑两个因素：一是该构思是否与乡村休闲旅游企业的战略发展目标相适应，表现为利润目标、销售目标、旅游形象目标等几个方面是否一致；二是乡村休闲旅游企业有无足够的能力开发这个构思。如乡村休闲旅游产品开发所需要的资金能力、技术能力、资源供给能力、市场营销能力等是否完备。

对新产品构思的筛选过程包括：

1. 对旅游企业资源进行总体评价，分析旅游企业的设备设施状况、技术专长及旅游企业生产和营销某种产品的能力。

2. 判断新产品构思是否符合旅游企业的发展规划和旅游企业目标，包括利润目标、销售目标、产品组合等目标。

3. 进行财务可行性分析，旅游企业是否有足够的资金发展新产品。

4. 分析市场性质及需求，分析产品能否满足市场。

5. 竞争状况和环境因素的分析。

（三）产品概念的发展和测试

产品构思经过筛选后需要发展成产品概念。所谓产品概念，是指旅游企业从消费者的角度对这种构思进行的详尽的描述。产品构思并不是一种具体产品，它只是经营者本身希望提供给市场的一个可能产品的设想；产品概念是用有意义的消费者术语表达的构思。一个构思可能形成几个产品概念。概念测试就是和合适的目标消费者一起测试这些产品概念。通过消费者回答一系列问题，旅游企业可了解消费者的购买意图，以确定对目标市场吸引力最大的产品概念。

（四）商业分析

所谓商业分析，就是要预测一种产品概念的销售量、成本、利润额及收益率，预测开发和投入产品的资金风险和机会成本，预测环境及竞争形势的变化对产品未来收入、成本、利润的影响，确定目标市场，预测市场规模，分析消费者购买行为等内容。这项工作比筛选工作更为复杂，要求的精确度也更高。

乡村休闲旅游企业在进行商业分析时，要搜集的信息涉及社会和竞争等方面的多种因素，其中主要有旅游地人口特征、地方经济信息、交通、需求或客源、经济法规、周围环境、行业形势等。在商业分析阶段，乡村休闲旅游企业还必须做出关于营销战略的基本决策，如目标市场定位，营销目标，主要的促销决策等。

（五）产品的研制、开发

乡村休闲旅游企业在产品的具体概念的基础上进行新产品的设计。这一阶段，除了专业技术人员、工程人员、旅游企业管理层外，市场营销人员一般也要介入。进行产品的设计与开发时，要考虑新产品的功能及质量两个方面。其中，功能决策包括新产品的使用功能、外观功能和地位功能的决策；质量决策则需要注重新产品的适用性及经济性。例如，建一座乡村休闲旅游饭店，应考虑其地理位置、交通条件、饭店的设计与建筑、设备的安装、内外部装潢和职工的招募等多方面因素。

（六）试销

试销是指一种产品小批量地投放到经过挑选的具有代表性的小型市场内进行试验营销，以检验旅游者可能做出的反应。试销的目的在于了解经销商和消费者对于经营、使用和购买这种新产品的实际情况以及市场大小，再酌情采取适当对策，使新产品失败的风险最小化。

（七）商品化

新产品通过试销取得成功后，就可全面投入市场，进入生命周期的投入期阶段。在这一阶段，旅游企业应注意投入新产品的时间、目标市场、渠道等方面的决策，即何时、何地、给谁、用什么方法投入市场的问题。何时是指新产品入市的正确时机；何地指的是新产品是推向一个区域还是几个区域、国内市场还是国际市场。一般的做法是随时间逐步推行有计划的市场扩展。

在扩展中，旅游企业必须对不同市场的吸引力作出评价，即目标市场展望，就是根据前一阶段的市场试销了解的主要预期销售对象，把分销和促销目标对准最有希望的销售对象。旅游企业还要制订新产品入市的实施计划，在营销组合中分配营销预算，对营销组合作必要的调整。

二、新产品市场扩散

（一）新产品特征与市场扩散

1. 创新产品的优点

新产品的优点愈多，在诸如功能、可靠性、便利性、新颖性等方面比原有产品的优越性就愈大，市场接受得就愈快。

2. 创新产品的适应性

创新产品必须与目标市场的消费习惯以及人们的产品价值观相吻合。当创新产品与目标市场消费者社会心理相适应或较接近时，则有利于市场扩散，反之，则不利于市场扩散。

3. 创新产品的简易性

这是要求新产品设计、整体结构必须与目标市场的认知程度相适应。一般而言，新产品的结构和使用方法简单易懂，才有利于新产品的推广扩散，旅游小商品尤其如此。

4. 创新产品的明确性

这是指新产品的性质或优点是否容易被人们观察和描述，是否容易被说明和示范。凡信息传播较便捷、易于认知的产品，扩散速度一般比较快。

（二）购买行为与市场扩散

1. 消费者对新产品的采用过程与市场扩散

人们对新产品的采用过程，客观上存在着一定的规律性。

2. 顾客对新产品的反映差异与市场扩散

在新产品的市场扩散过程中，由于社会地位、消费心理、产品价值观、个人性格等多种因素的影响制约，不同顾客对新产品的反应具有很大的差异。新产品的整个市场扩散过程，不论是创新采用者还是落后购买者，都为旅游企业规划产品生命周期各阶段的营销战略提供了有力的支持。

第二章 我国乡村休闲经济发展必要性

第一节 中国乡村休闲经济发展背景

我国乡村休闲业的发展是在国家宏观经济发展政策的大背景下展开的。旅游业的发展深入农村地区，农村加大对基础设施的改造，农业发展也不断创新，国家加强对居民休闲时间的法律保障等等，都为乡村休闲发展提供了条件。

一、宏观经济发展背景

（一）扩大内需的强劲动力

面对国际金融危机带来的严峻挑战和极其复杂的国际国内形势，国家出台了一揽子计划及相关政策措施应对经济危机并取得了明显成效。但是，随着欧洲债务危机影响加剧，人民币升值压力加大以及世界经济存在二次探底的危险性等多重因素，中国经济发展的不确定性仍在，扩大内需和调整结构的任务仍然相当艰巨。休闲产业、旅游业作为扩内需、促消费、保增长的重要内容，必将发挥更大的作用。中国高速公路、高速铁路、民航等交通基础的建设，财政补贴以及减税等政策引发了居民家庭汽车拥有量激增，导致了交通格局和居民出行方式的变化，必将推动休闲、旅游市场规模不断壮大。

2008 年，由美国次债危机所引发的金融海啸给世界经济带来了巨大的影响，全球经济发展遭到重挫，危机同样波及中国经济的发展，处在经济快速发展轨道上的中国也出现了一次探底态势，并引发了一系列的社会问题，如就业难度增大，社会不稳定因素增强等等。为了尽快摆脱经济危机带来的影响，中国政府做出了快速反应，加大投资促进计划刺激经济发展。例如，中国启动了 4 万亿元的经济刺激计划，主要用于投资来带动经济发展。但经济的发展不是仅靠投资拉动，“三驾马车”的其他两项也是拉动经济发展的主导力量。伴随着经济危机的蔓延，中国在出口需求短期内难以得到改善的同时，采取扩大内需战略就成了经济持续发展的重要举措。中国14亿人口有8—9亿农民，广袤的农村市场投资少、消费低成为中国经济发展的畸形所在。商务部的一项调查表明，占中国人口近2/3的农村居民只消费了中国1/3的商品。开拓农村市场、扩大农村消费，是当前中国应对国际金融危机、保持经济平稳较快发展的迫切要求，也是促进中国经济发展方式转变、实现经济持续协调稳定发展的战略需要。

旅游经济作为国民经济和现代服务业的重要组成部分，兼具经济功能和社会功能，在国民经济和社会发展中发挥着日益重要的作用。旅游经济的抗冲击、易恢复的产业韧性，是应对国际金融危机和扩大内需的优势产业，对化解国际金融危机影响和扩大内需具有特殊作用。

发达国家的成功经验表明，人们的大部分消费都是在休闲时发生的，休闲在发达国家已成为拉动消费需求推进拉动经济增长的主要动力。根据美联邦政府的统计数据显示，1990年，美国用于休闲的开销超过了10000亿美元，约占全部消费支出的1/3，其中娱乐消费有2800亿美元，是购车消费的3倍。自1991年以来，娱乐和消遣成为美国人最大的消费开支项目，是综合消费开支增长率的2.2倍，增加了80%。美国人用1/3的时间用于休闲，1/3的收入用于休闲，1/3土地面积用于休闲，反映出休闲与经济的密切相关性。西方学者对休闲的重要性进行了探讨，认为“由于从有利于生产的角度，休闲一直是不合理的，但现在由于它有利于消费而成为合理的了。消费就是花钱并消费时间……如果没有野外活动和周末，娱乐业将会崩溃，如果没有假期，旅游业将会衰落。实际上，是休闲而不是劳动使工业资本主义走向成熟”。

（二）国内旅游产业快速发展

发达国家的经验表明，人们的大部分消费都是在休闲时发生。通过休闲旅游过程放松身心，从事各种运动竞技，艺术文化鉴赏，对高科技的好奇，以及进入自然休闲等方式，来丰富自人的生活品质。所重视的是精神享受而非完全的物质享受。因此，休闲旅游在发达国家已成为拉动消费需求推进经济增长的主要动力。在世界范围内，休闲旅游每年创造30000亿美元的产值，其中对美国税收的贡献超过6000亿美元。如果把休闲旅游产业定义为包括其相关的物质产品和服务的所有业务的集成，那么全美国的最大的产业就是旅游业，开支6210亿美元。如果把业务旅行从旅游业总开销中分离出去，再加上在家庭和当地社区的休闲消费部分，同样可以得到近10000亿美元的休闲消费总量。

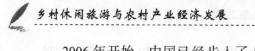

2006年开始，中国已经步入了人均GDP3000美元的新阶段。按照旅游经济发展规律，中国旅游消费需求已经达到爆发性增长的基线，随着公众假日、休息日、带薪休假等休息时间趋近于中等发达国家水平，一个巨大的旅游消费市场正在加速形成，旅游将成为城镇居民生活的基本内容和刚性需求。

（三）农村经济亟待发展

为认真贯彻中央关于构建社会主义和谐社会的战略部署，全面落实科学发展观，国家旅游局决定把2007年的旅游主题确定为“中国和谐城乡游”，宣传口号为“魅力乡村、活力城市、和谐中国”。这一发展口号旨在推动城市和农村实现旅游资源共享、客源互动、优势互补、共同繁荣，促进城乡交流和协调发展。

2007年12月，农业部和国家旅游局共同主办的中国休闲农业网正式开通。中国开始有了农业休闲专业网站，按照“政府引导、服务市场、统筹协调、资源共享、起点求高、内容求精、快速起步、逐步完善”的要求，为各级农业和旅游行政管理部门、乡村休闲的提供者和消费者及相关服务机构和广大农民及休闲者提供信息平台。

1. 农业经济和休闲旅游产业相结合

乡村休闲经济是乡村旅游经济和休闲农业经济的结合体，利用相近的资源及基础设施等条件发挥内在潜力，发展乡村经济提高农民收入。

中国乡村休闲经济发展还处于初期发展时期，建立在客观基础之上，立足现实进行比较科学的评估，学习外国成熟的休闲旅游和乡村旅游的经验，循序渐进、逐步带动，发展乡村休闲经济。

目前，中国广大农村产业结构的总体特征是一产比重过大，二、三产业比重过小，影响和制约了农村经济的发展。乡村旅游的发展，将带动农村地区基础设施的优化，促进乡村交通运输、餐饮服务、文化娱乐和地方工艺品制作等行业的发展，并使旅游需求量不断扩大，直接增加农产品需求量，推动农村产业结构调整，为农业产业化经营提供良好的发展机会，实现农业单一产业结构向农业和非农业复合结构转型，传统农业向现代农业转型，改变乡村二、三产业弱小的局面，使农村产业结构得到整体优化，实现一、二、三产业发展的相互促进。同时，乡村旅游发展可为农村产业结构调整提供资金支持。农业和农村产业结构调整，要有一定的资金和资本保障。乡村旅游具有投资少，见效快的特点，能加速农村资金流转，降低经营风险，缓解农村资金供给不足，为农村产业结构调整提供资金支持。此外，发展乡村旅游，必将加快农村地区的人流、信息流、观念流、文明流的发展，广大农民通过了解旅游者消费偏好、消费倾向、消费心理和消费行为等，把握消费者的消费偏好和对产品性能、质量、档次等的要求，对农产品消费市场需求变化进行科学预测，实现农业、农村产业结构调整的市场化取向，为农村经济快速发展培植新的增长点，有效避免农村产业结构调整的盲目性，确保农业增效和农村经济健康、可持续发展。

2. 乡村休闲经济和新农村建设相结合

2007 年，国家旅游局和农业部在制定促进乡村旅游和休闲农业发展的政策措施时，积极解决农业、农村、农民问题，围绕“三农”问题发展乡村旅游和休闲农业，帮助农民增收致富，进而实现城乡统筹、推进社会主义新农村建设的政策。

新农村建设首先必须发展经济。经济的发展，恰恰需要打破农业产业的界限，把农业产业与第三产业结合起来，以农林牧副渔业资源、乡村田园资源、乡村风景资源、乡村民俗文化资源、乡村历史文化资源等等为依托，开发旅游休闲产业。

巨大的城市居民休闲需求，是乡村休闲旅游发展的最大动力。自 2008 年以来，“五一”小黄金周、“十一”和春节大黄金周，城市居民出行旅游中选择乡村旅游约占 70%。每个“黄金周”乡村地区吸纳游客均超过 6000 万人次。全国乡村旅游规模也由最初程度的“农家乐”，发展为北京的“民俗游”、贵州的“村寨休闲游”、浙江的“渔家乐”等多种形态。各个省区在发展乡村旅游中，坚持按规划布局、按标准建设、按星级管理、发展特色服务、规范化管理。乡村环境、新鲜蔬菜水果家禽等等，成为城市居民最喜爱的商品。

乡村旅游实际上是城乡居民的接触与交流过程，这种交流必然会带来城乡居民在生活习惯、人生观念、价值取向、消费理念等意识形态领域的相互影响，缩小城乡差别，促进农村社会的进步和城市乡村的共同繁荣与发展。因此，乡村休闲旅游产业，是近远郊区及旅游区新农村发展生产的支柱产业，是社会主义新农村建设的生力军。

二、微观主体消费需求背景

（一）居民生活的转变

1. 城市居民生活水平普遍提高

中国城市居民生活水平在近几十年发生了巨大的变化。城市居民人均可支配收入提高了，农村居民人均纯收入也提高了。从居民家庭恩格尔系数中可以看到，城镇和农村居民在除了食品方面的消费开始逐年提高。同时在其他方面如：旅游花费、城市公用设施普及占有率等方面都有很大程度的提高，这些都为发展乡村休闲经济提供了经济消费条件。

2. 农村居民生活水平显著提高

中央新的领导集体对“三农”问题尤其重视，提出实现全面建设小康社会，必须解决“三农”问题。只有解决好“三农”问题，才能使改革开放和社会主义现代化建设继续深化下去，才能全面建设小康社会。中央经济工作会议从宏观全局高度对“三农”工作出总体部署。

由于国家对“三农”问题的重视和各种政策的落实，2020 年全国居民人均可支配收入 32189 元，比上年增长 4.7%，扣除价格因素，实际增长 2.1%。全国居民人均可支配收入中位数 27540 元，增长 3.8%。

按常住地分，城镇居民人均可支配收入 43834 元，比上年增长 3.5%，扣除价格因素，实际增长 1.2%。城镇居民人均可支配收入中位数 40378 元，增长 2.9%。农村居民人均可支配收入 17131 元，比上年增长 6.9%，扣除价格因素，实际增长 3.8%。农村居民人均可支配收入中位数 15204 元，增长 5.7%。城乡居民人均可支配收入比值为 2.56，比上年缩小 0.08。

按常住地分，城镇居民人均消费支出 27007 元，下降 3.8%，扣除价格因素，实际下降 6.0%；农村居民人均消费支出 13713 元，增长 2.9%，扣除价格因素，实际下降 0.1%。全国居民恩格尔系数为 30.2%，其中城镇为 29.2%，农村为 32.7%。

（二）居民休闲时间增加

哲学对时间是源于对世界本源的探究，专注的是时间无限性和终极价值的哲学意义。休闲时间，指的是人在有限的生命时间内如何安排日常时间，及生活的时间。根据世界卫生报告显示，2019 年，日本以平均寿命 83.7 岁位列世界第一长寿国，中国的人均寿命为 76.1 岁。以城市居民的生活轨迹为标准进行考察，人在 23 岁之前基本处在学习的“休闲时间”，用去了人生近 1/3 的时间。剩下 2/3 的时间，按人类活动的结构属性安排时间通常分为：工作或学习时间、生活必需时间及生理时间、家务劳动时间和自由支配时间。将生活必需时间和家务劳动时间作为一部分，工作时间和自由支配时间作为一部分。生活必需时间及生理时间包括：睡眠、吃饭、个人卫生和修饰、医疗保健等；家务劳动时间包括：做饭、室内卫生、洗熨衣物、照顾老人和孩子、修理家用（家用电器及花草树木）及其他家务劳动时间等。一天 24 小时，这两项内容时间消耗基本占用了一天内时间的一半以上。工作（学习）时间包括：正常上班时间、加班、路途往返、工间休息、再教育及培训等；自由支配时间包括：购物、休闲、看电视、玩游戏、喝茶、聊天、健身等，这两项内容的时间也占据了一天内的一半时间。时间的比例因工作的性质有所不同，但基本分配比例不会有太大差异。但就工作时间与自由支配时间的比例分配上今年来出现很大变化，处于此消彼长的状态。如果按照中国平均寿命年龄 76.1 岁计算，现代人终生时间分布的时间情况大致是：学习时间占全部时间的 7—10% 左右，工作时间占 10—13%，生活必需时间为 50%，闲暇时间 30%。

（三）科技农业的规模发展

推动土地经营权的流转，是构建现代农业的核心基础。如果农村土地还停留在过去一家一户小规模经营的基础之上，劳动生产率就难以大幅提高。建立普遍的土地流转市场，农业生产规模才有扩大的基础，现代农业的区域化、规模化、专业化才有了前提。土地承包权流转遵循自愿、有偿、依法的基本原则，出让承包经营权的农民将获得更为市场化的补偿价格，而接手土地承包权者则获得政府的农业补贴，大大提高流转双方的积极性，实现农村土地规模化经营的新机制。这意味着中国将会出现真正现代农场经济。在耕地自由转让权没有被法律承认之前，资本不会大规模进入农业领域，农业也不会出现真正现代化农场经济，中国农业生产力得到巨大发展。

中国的农场规模通常为 0.6 公顷，匈牙利和波兰为 6 公顷，而美国的农场平均规模为 173 公顷。实现规模经济可促进更多投资和更高的生产力。许多国家都走上了这条道路，通过这种方式，它们无需开垦更多土地或使用更多劳力就能提高粮食产量。由于工农产出效益比差距太大，现在中国农村大部分青壮劳动力转移到城市务工经商，农田撂荒现象严重。因此，只要政策明朗，耕地权利明晰，资本就会流入农业领域，将与国际农业水平的差距迅速拉平，农业将是中国经济的新一轮增长点。

市场自发交易是促进社会福利最大化的最佳途径，这是百年来人们经济活动的共识，但市场自发交易的前提是权利明晰——不管以什么名目。耕地一旦形成规模经营，中国农业生产力将得到巨大的提高。

1. 农业技术园区的发展

随着农业发展进入新阶段，从 20 世纪 90 年代初开始，农业科技园区（示范园）作为一种现代农业发展的新形势开始在中国兴建并迅速发展。农业科技园区是农业技术组装集成、科技成果转化生产师范的载体，以科技技术密集为主要特征，以科技开发、示范、辐射和推广为主要内容，以体制创新为动力，以促进区域农业结构调整产业升级为目标，为科研与产业的对接提供了空间，使科技更好、更快地应用与生产，从而加速了科技产业化，促进了传统农业的改造升级。

2. 农业休闲科技园

高科技农业具有科学性、知识性、趣味性、可观赏性和可参与性，是一种具有开发价值和潜力的休闲资源。而农业科技园区出了具有科学研究、示范、推广等功能以外，还具有展示及科普功能，适合开展农业休闲观光活动。

现代化农业劳作与工艺操作上使用最新的设备和科学技术。如温室大棚节能日光温室均采用电控装置；蔬菜、花卉种植采用无土栽培；施肥灌溉采用滴灌技术，有电脑自动控制，采用基质、水培等多种栽培方法。如新疆的“输血”管道就是采用了新技术装备，在缺水的情况下采用滴灌技术，规模发展的向日葵、葡萄、大枣、玫瑰园，还有新疆其他特色农业产品，已成为今新疆经济发展的支柱产业。这些先进的设施和种植技术使现代人领略到现代农业全新发展模式。

农业科普教育对农业工作者有重要作用，对现代青少年的学习教育也十分重要。农业科技园区把农业科技、环境科技、生物科技等领域的新成果、新创意和新方法都表达出来，特别是对当地农业生产有指导示范作用，对中小学生增长农业知识有教育意义，使中小学生（特别是生活在城市里的）认识和体验农业生产的知识。农业科普通过现代农业产业化的新途径提高了农业产业效益及动物养殖产业规模化，同时吸引了不同休闲者参观学习，也是形成了现代农业知识的拓展基地，青少年的学习、教育基地。

（四）农村基础设施建设加快

1. 道路交通建设情况

社会主义新农村建设是党中央、国务院根据我国经济社会发展的阶段特点，为解决“三农”问题而明确提出的重大战略举措。而农村公路网建设是推进社会主义新农村建设的重要内容，是农村经济发展、农业结构调整和增加农民收入的有效途径，是扩大国内需求、拉动经济增长的重要措施。

实施西部大开发战略以来，国家对西部地区优先安排资源开发和基础设施建设投资，增加政策性贷款，鼓励并组织外商和东部地区的地方政府及有实力的大型企业向西部投资，加大财政资金对物流业的投入，相继建设一系列大型交通、通信和水利工程设施，以完善物流基础设施建设。

以四川成都市为例，成都市物流设施建设已取得突破性进展，对外物流快速通道构建工作成绩显著：铁路干线交汇于成都市，成为西南地区最大的铁路客货枢纽；成都市中心及周边已形成了“环形＋放射”的区域高速公路网络架构，过境成都，或者以成都为起点的国道主干线和国道干线，建成了

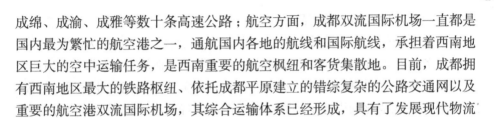

成绵、成渝、成雅等数十条高速公路；航空方面，成都双流国际机场一直都是国内最为繁忙的航空港之一，通航国内各地的航线和国际航线，承担着西南地区巨大的空中运输任务，是西南重要的航空枢纽和客货集散地。目前，成都拥有西南地区最大的铁路枢纽、依托成都平原建立的错综复杂的公路交通网以及重要的航空港双流国际机场，其综合运输体系已经形成，具有了发展现代物流业完备的硬件设施，为乡村休闲经济的发展提供了有力的物质 / 运输保障。

2. 星级饭店规模及经营情况

旅游系统的六要素归纳为“食、住、行、游、购、娱”六大要素。以满足旅游者旅游行为要求为指南的旅游业，往往以这六大要素来规划和发展旅游业。即满足旅游者基本生活需求的“食”和“住”“行”，是规划建设旅游休闲的基本条件。满足旅游者从常住地到旅游目的地内的空间位移的“行”的需求，是规划发展旅游交通的依据。满足旅游者在旅游目的地休闲、消遣、娱乐等“娱”的需求，是旅游目的地规划发展娱乐设施的依据。

第二节　中国发展乡村休闲经济的意义

一、有利于解决“三农”问题

发展乡村休闲，农民可以将自家果园、菜园、自有住宅等进行规范化经营，满足休闲消费者的需求，以取得经济收益，不断拓宽农民增收途径，增加农民收入。乡村休闲业是在农村本地发展起来的产业，对解决农民就业有巨大的促进作用，充分吸纳了农村的剩余劳动力。中国乡村休闲产业发展的实践经验表明，乡村休闲产业经营者大多是当地农民，而经营者的主要群体是女性，这在相当大程度上解决了农村女性就业难的问题。大城市周边发展起来乡村休闲产业加速了乡村农业生产商品化进程，使农民思想不断解放，摒弃小农意识，发展商品经济，树立现代化市场意识和竞争意识，不断提升农民整体素质。

乡村休闲产业是一个带动性很强的产业，社会主义新农村是生产发展的农村，乡村旅游休闲作为支持“三农”建设、促进农民观念转变、拓宽农业致富渠道、带动农村经济繁荣和发展的重要力量，是社会主义新农村建设的有效之举。

（一）增加资金积累

乡村休闲业是关联性很强的产业。经营者可以通过经营各种乡村休闲产

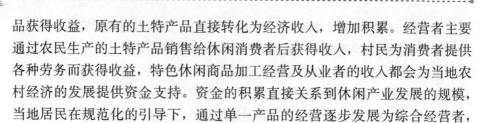

品获得收益，原有的土特产品直接转化为经济收入，增加积累。经营者主要通过农民生产的土特产品销售给休闲消费者后获得收入，村民为消费者提供各种劳务而获得收益，特色休闲商品加工经营及从业者的收入都会为当地农村经济的发展提供资金支持。资金的积累直接关系到休闲产业发展的规模，当地居民在规范化的引导下，通过单一产品的经营逐步发展为综合经营者，为乡村休闲的可持续发展在资金上提供有力的保障。

（二）农村经济发展的增长点

乡村旅游休闲的发展，为农民找到了致富门路。目前，各地靠近城市和有旅游资源优势的农村，都不同程度地搞起了乡村旅游休闲产业。随着人流、物流、信息流的流动，农民空闲的房屋、剩余的劳动力、自产蔬菜水果等，都派上了用场，不少农民靠办“农家乐”盖起了小洋楼，购买了小汽车，通过对民俗节日的宣传和策划，农民积极参与，通过提供住宿、餐饮等，为增加农民收入提供了有效途径之一。

乡村休闲的开展提高了农村劳动力素质的提高，这是因为乡村休闲的发展为当地农村带来了先进思想，促进了当地群众观念的转变。当地农民为了更好更快的发展经济，也会想尽办法提高自身素质适应发展的需要，农民会在文化水平及各种农业技能上提高自身的水平，素质的提高相应的扩大了劳动力的就业率。发展乡村旅游休闲有利于农村剩余劳动力的转移。乡村休闲产业具有劳动密集型的特点，农村富余劳动力，无论男女老少都比较容易找到适合自己的工作。乡村旅游休闲发展较好的农村地区，去外地打工的农民也逐步返乡，即使是接受过高等教育的学生和其他在外打拼的村民也都愿意回到家乡发展个体经济，大量吸纳了村内村外和其他地区的劳动力，使剩余劳动力就业呈现离土不离乡的局面。

（三）有利于促进农村产业结构优化调整

乡村休闲的开展，利用了田园景观、自然生态及环境资源，结合了农林渔牧生产、农业经营活动、农村文化及农家生活，向人们提供了一种新的休闲方式，增加了人们对农业及农村的体验。换言之，乡村休闲所表现的是生产、生活与生态一体的农业，所以具有初级产业、二级产业、三级产业的特性，特别是近年来发展的农业经营的新型态，将农业生产主体及其环境和休闲观光游憩活动结合紧密，具有良好的经济价值、生态价值和社会价值。

第一，改善农业经济结构。乡村休闲对改善农村的基础设施和生产生活环境，促进了当地经济的发展，通过生产、生态、生活三结合，生产、加工、销售一条龙，逐步形成了各地有特色的产业结构。农村地区发展休闲农业，农业是根本，需要以农业生产的第一产业为基础，只有建立高产、高效的农业生产体系，才能提供给游客所需的消费和体验活动。游客前来观光或者度假能促进农业产业及加工产品的销售，只有对初级产品进行创意开发、加工和制造才能提高附加值，满足休闲消费者对农产品的购欲，又提高农民的经济收益。乡村休闲业兴起带来的游客流将产生相应的服务需求，带动了第三产业的发展，用第三产业的理念和方法经营管理乡村休闲产业使其获得持续的发展。

第二，农村经济发展多样化。由于蔬菜、水果、鸡、鱼、肉、蛋等农副产品以及花卉有了销路，农民根据市场需求，适应休闲市场规律的需求，做经济收益比较好的产品，出现直接与市场对接的种植养殖专业户、专业村，提高了农产品经济效益。

第三，务农与经商结合。休闲消费者一般都会购买当地的土特产品和工艺品，村民就此进行生产加工，促使加工业成为村镇及县域产业，推动经济发展。

由传统农业为主转向现代农业。为吸引消费者休闲游玩和放心消费，促使农民大力发展观光农业、生态农业、精品农业，种植无公害蔬菜，建设绿色农业示范园，营造良好的生态环境，农民自愿退耕还林还草，治荒治污，出现田园风光与山水风光浑然一体的景象。

（四）增进城市农村的互动

1. 增进了城市居民乡村的认识

乡村休闲开展针对的主要消费群体是城市居民，为城市居民提供了一个认识农业和了解农村动植物生长过程、体验农村生活及认识农村文化与生态的机会，是一种非常健康的休闲和娱乐活动。现代城市人群工作和生活节奏快增加了很大压力，在假期出游是放松身心、修养调整的最好时机。在周末或者假期到乡村去感受金色无垠的麦浪，动听悦耳的蝉鸣蛙叫，闻闻稻花的香气，感受的浓浓乡情，再哼上一曲小调走在乡间的道路上，那种感受只有农村才有，也只有通过乡村休闲的发展才能使更多的人去深深体会这样的惬意。乡村休闲业的发展，提升了乡村的品质，增加了城市居民对乡村的了解，也使农民开阔了眼界，还起到了修养身心的作用。

2. 增强了农民对本上环境的认识

为了更好地发展农村经济，乡村休闲发展区必须主动改善环境卫生，提升环境品质，维护自然生态均衡。并借助乡村休闲相关知识的教育提高人们对环境保护与生态保护重要性的认识，主动做好资源的保护工作。世界各国都在寻找一条能促进农村发展的绿色之路，使得农业生产、农民生活和保护生态环境结合起来。通过开展乡村休闲，让更多的村民参与农村自然文化资源，激起人们热爱劳动、热爱生活、热爱大自然的兴趣，对人们保护自然、保护文化遗产及保护环境有巨大的推进作用。

乡村休闲业的发展转变了农业的经济地位，使农民有尊严地赚钱，也使农村特有的生活文化、产业文化及许多民俗文化得以继承，同时能创造出特殊风格的农村文化。由于乡村休闲业带来的大批休闲消费者，使得古老传统的民俗活动得以保护，并发扬光大。由于消费者的喜爱和积极参与，传统活动在传承和创新上保持了独特的格调，保存了乡村文化的原汁原味。

（五）实现农村经济的可持续发展

乡村休闲发展必须要走可持续发展的道路。可持续发展世界保护联盟（IUCN）认为，可持续发展是一种在不损耗或破坏资源的情况下所允许的开发过程。乡村资源不仅包括自然资源还包括社会资源和人文资源。乡村休闲的发展有的是依托美丽的自然风景，有的是独特的民族风俗习惯和珍贵的传统文化，有的是以生态农业园区来开展旅游活动。农村和城市相比是“保守地带”，因此才能够保持一些原生态的自然和人文景观。但是这些也相对脆弱，而开发旅游，会不会给相对落后的农村带来冲击，从而导致农村生活模式发生巨大变化，农民模仿城市居民的生活方式，导致一些传统文化的解体。乡村旅游休闲的可持续发展必须是自然资源、社会资源、人文资源的可持续发展。在发展乡村旅游的同时，不破坏资源，尤其是社会文化资源，不破坏少数民族文化、风俗习惯。如何在开发旅游休闲的同时，又能够有效的保护珍贵的文化，这就要求乡村旅游休闲的发展必须走新的道路，实现跨越式发展。必须按照可持续发展的原则和要求，追求旅游的生态效益、环境效益和经济效益的统一。提高乡村旅游质量，即追求旅游精品，不能乱开发，乱建设。要有统一的规划，在政府和旅游管理部门的引导和指挥下，乡村旅游休闲地的群众积极参与旅游中来，并且要引进市场机制，在市场经济体制下运作，实现利益共享。既有效的调动农民开发旅游休闲的积极性，又加强管理，避免出现一窝蜂乱开发、搅乱市场最后吓跑消费者的现象。

（六）促进新农村建设

1. 新农村建设的必然选择

在发展乡村休闲的过程中，乡村农民的思想文化观念会逐渐发生变化，乡村会向更文明、更进步的方向发展，提高了农村文明程度。乡村旅游休闲有利于乡村生态环境的改善和保护。没有整洁的村容村貌，没有良好的生态环境，就没有新农村的新气象。发展乡村旅游休闲可以提高农民保护生态环境的积极性，增强乡村保护生态环境的经济实力。乡村休闲的发展增加了农民的收入，也增加了村集体的收益，使乡村能够有一定的资金投向环境保护上，实现人与自然和谐发展。

乡村休闲是乡村经济发展的重要组成部分，具有发展潜力大、关联度高、带动力强、拉动内需明显的特点。因此我们要大力发展乡村休闲，实施“以休闲推农经”方略，促进社会主义新农村建设。

乡村休闲是以农村自然风光、人文遗迹、民俗风情、农业生产、农民生活及农村环境为休闲的吸引物，以城市居民为目标市场，满足休闲者的休闲、度假、体验、观光、娱乐等需求的休闲活动。乡村休闲在欧美发达国家已有百年以上历史，备受世界各国政府关注。新西兰、爱尔兰、法国等国家把乡村休闲作为稳定农村、避免农村人口盲目向城市流动的重要手段，在资金、政策上给予大力支持；加拿大、澳大利亚、前东欧和太平洋地区的许多国家，都把乡村休闲作为农村地区经济发展的重要手段。

2. 发展乡村休闲是促进社会主义新农村建设的有效途径

第一，有利于促进农业产业化发展。乡村休闲能够有效地促进当地农业的产业化经营，带动农副产品和手工艺品加工、交通运输、房地产等相关产业发展。

第二，有利于促进农村生产发展和农民生活富裕。乡村休闲使许多农民成为乡村休闲的从业者，直接增加了农民收入。农民可以通过打零工、办旅馆、摆小摊、开餐馆、加工纪念品等方式增收，还可以通过参与乡村休闲项目的入股分红增收。

第三，有利于促进农民素质提高和乡风文明。乡村休闲把城市的许多新信息、新理念带到农村，对农民素质和乡风民俗具有潜移默化的影响，使学文化、学技术成了一些农民的自觉行动，许多村民学起了普通话、外语和电脑，全面提升了农民素质。

第四，有利于促进环境保护和乡村经济的可持续发展。发展乡村休闲的农村乡镇，通过开发和保护资源，使广大农民兄弟有了很强的环保意识，促进了当地环境资源、生态资源和文化资源的保护，增强了农村地区的可持续发展能力。

第五，是有利于推进农村基层管理民主。乡村休闲具有现代服务业的特性，它的发展为农村引入了现代管理理念。些地方在基层组织的引导下，农民自主决策、民主决策，促进了农村管理民主，一些农村纷纷成立各种协会，民主管理水平不断提高。

3. 发展乡村休闲遵循了科学发展观的要求

第一，大力改进基础设施。发展乡村休闲，给农村带来了大量的人流、物流、资金流、信息流。通过休闲旅游这个渠道，把一部分城市的消费资金转移到农村，增加了农村的经济实力和农民的收入。据测算，一个年接待 10 万人次的乡村旅游景点，可直接和间接安置 300 位农民从业，直接和间接为 1000 个家庭增加收入。为了增加休闲旅游吸引力和接待能力，发展乡村休闲旅游的农村更加注重对自然生态环境的保护，更加注重改善道路、水、电、通信等基础设施，更加注重对住房、厕所、厨房的维修和改造，更加重视绿化美化和环境卫生，因而有利于农村自然生态环境和居住条件的改善。

第二，促进农村经济社会协调发展。一些农村发展乡村休闲产业后，集资办起了教育和医疗，提高了适龄儿童入学率和农民参加合作医疗率；还有一些农村建立了社会保障制度，农民达到社保条件后可以按月领取保障金，农民也能像城里人一样享受医疗、教育和社会保障；发展乡村旅游，以农民为主体，农民可以自愿选择是否参与乡村旅游开发，也可以选择参与乡村休闲业开发的方式，还可以自发成立休闲协会、农村经济联合体等行业组织，给农民创造了新的发展机会。

第三，扩大内需，缩小差距。发展乡村休闲，通过城乡的交流和沟通，有助于加大对农村的投入和政策支持，促进了各种资源、资本和要素向农村、农民和农业倾斜，推动了农村经济社会的全面发展。许多地方基础设施大幅度改善，一批村容整洁、各具特色的旅游村镇应运而生，促进了农村地区基础设施和居住条件的改善。另一方面，发展乡村休闲，有利于拉动消费，扩大内需，促进城乡经济持续健康发展，推动了多层次复合型的综合旅游目的地体系的建设，促进旅游小城镇的建设和发展。

4. 发展乡村休闲是构建社会主义和谐社会的重要载体

第一，推进了农村经济社会的和谐发展。乡村休闲促进了农村地区经济社会发展，提高了农民的生活水平和质量，更为重要的是，促进了农民素质和农村文明程度的提升。农民通过参与乡村休闲的发展过程，精神世界和文化生活得到丰富。一些农村结合休闲业的发展需要建设了图书室、文化室，加强了文化传播，一些农村举办了各种培训班，提高了农民的素质。乡村休闲的发展还促使一些农村制定村规民约、卫生公约等规章制度，农民的文明程度明显提升。

第二，促进了人和自然的和谐发展。乡村休闲使人们走进自然、认识自然，增强了环境保护的意识；乡村休闲消耗资源少，环境成本低，一般不会对资源和环境产生直接的硬消耗，有利于改变大量消耗资源支撑经济增长的传统方式，形成以资源环境可持续利用为基础的经济发展方式，保护当地珍贵的资源和脆弱的生态环境。

第三，推进农村相关产业之间的和谐发展。乡村旅游的产业关联度大，据测算，休闲产业对相关产业的拉动比为1:4，乡村休闲直接或间接地拉动了农业、农副产品加工、手工艺品加工、休闲用品和纪念品、商贸、运输等产业，并与之协调发展。

第四，是促进人和人之间的和谐发展。休闲使人们开阔眼界，增长见识，通过增进人与人之间的交流，促进了休闲者与农民之间、休闲者与休闲者之间、农民与农民之间的相互了解。

二、有利于推进城乡一体化进程

发展乡村休闲产业可以为城乡一体化进程注入活力。长期以来，中国城乡二元结构特征明显，城市发达，农村落后。在城乡互动发展的过程中，城市从乡村中得到了发展资源，而乡村成为支持城市的有力后盾，在先后发展的过程中，乡村经济已远远落后城市经济的发展。在城市化步伐加快的今天，越来越多的城市居民渴望放松心情回归自然，追求恬静的田园生活。乡村旅游也成为城市居民周末或闲暇时的理想选择，是城市与乡村互动发展的媒介，是城乡一体化格局构建过程中最完美、最典型、最内在的体现。

（一）为城乡一体化发展提供经济基础

城乡一体化涉及如何实现城乡经济互补，努力打破城市经济强势与农村经济弱势之间的发展不均衡问题。发展乡村休闲，可以利用农村资源禀赋吸引寻求休闲体验的城市居民，引导农民参与和直接从事接待服务，有效实现农村富余劳动力就业和向非农领域的转移。休闲产业逐步发展为第三产业中最具活力的产业，也是具有极强关联带动性产业。发展乡村休闲，不仅可以有效整合农村资源，拓宽农业发展的内涵和外延，推动农业产业化的发展，还可以带动农村交通运输、商业饮食、农副产品、手工工艺品加工和建筑等相关产业的发展。据资料显示，与旅游业直接相关的行业有24个，间接相关的行业有124个。世界旅游组织指出，旅游业每增加一个就业人员，能为社会创造8个就业机会，就业乘数效应极大。发展乡村旅游流动的是客源，带动的则是财源，是典型的、直接的城乡经济互补，山过去彼此割裂的二元经济发展状态到不断的融为一体，缩小城乡发展差距，为城乡一体化打下坚实的物质基础。

（二）为城乡一体化建设提供基础设施保障

乡村休闲产业的发展增加了农民的收入，富裕起来的乡村为了吸引更多的消费者将进行大量的基础设施的建设，如道路、住宿、水电、通信等基础设施的建设；对住房、厕所、厨房进行及时的维修和改造；注重对环境的绿化、美化和卫生清洁，有利于农村自然生态环境和居住条件的改善。农民从发展乡村休闲产业中获得的实实在在的利益也为其主动保护乡村环境，传承农村民俗文化提供了动力，农业在生态保护、观光休闲、文化传承等方面的特殊功能也得以发挥。在推进农村物质文明的同时，乡村休闲业的发展，还有助于加强城乡居民之间、不同民族之间的交流和沟通，促进城镇居民了解国情民情，也有利于农民更新观念、变革生活方式、提高农民的文化素质和修养，培育健康文明的新风尚。总之，乡村休闲业的开发为城乡一体化目标的实现提供了一条有效的途径。

（三）为城乡一体化提供了人力资源

乡村休闲具有吸纳和传播科学技术的动力机制，乡村休闲的客源市场是城市居民。消费者带来的新知识、新技术、新观念会对当地农民产生潜移默化的影响，激发农民的求知欲望，普通话、电脑和外语的普及和推广提高了农民的整体素质，推动农村科技教育的发展。发展乡村休闲能够实现农村与城市的对接，市民与农民直接互动，思想上共鸣、理念上共融、素质上共进，将城市的新信息、新风尚、新观念带到农村，还可以增强农民对科学文化知识的向往，使农民自觉形成学文化、学科学的良好风尚。从而对城乡经济发展和社会进步产生积极的互动作用，为城乡一体化的实现注入了新鲜的活力。

（四）为打造都市群休闲提供契机

从都市群的角度来看，北京奥运会标志着中国正式进入现代化国家行列，而上海世博会则标志着以上海为龙头的长三角城市群成为世界第六大都市群。这是全世界的一个普遍发展趋势，全世界已经形成了五大都市群，其中分别分布在美国（两个）、欧洲（两个）、日本（一个），而世界第六大都市群就诞生在中国的长江三角洲。长三角城市群发展优势是水平分工模式，不同于日本与亚洲四小龙的“雁行模式”，也不同于环渤海的“峰谷模式”，更不同于珠三角的“承接模式”。环渤海城市群中，北京高档水平的休闲发展迅速，而周围城市的发展水平却不能同行发展，形成了一个“峰谷模式”，村庄休闲的发展为打造都市群休闲提供契机。

三、有利于关联产业的发展

（一）发展乡村休闲产品带动关联产业

以休闲商品为突破口，延伸和拓展乡村休闲产业链，带动农村相关产业发展。发展乡村休闲的一个重要作用就是带动农业、农副产品加工、手工艺品加工、休闲用品和纪念品、商贸、运输等产业发展，促进农村产业结构向高产、优质、高效、生态、安全和深度加工的方向调整和发展。在旅游的六大要素中，唯有“购”是不仅与商业服务业发生直接关联，而且还与农业和工业发生关联的要素。由“购”引发的休闲商品生产与销售在所有旅游要素中牵扯面最广，牵动的行业和产业最多，对地方经济和就业机会增加促进最大。因此，在考虑增强休闲产业的关联度，拉长乡村休闲产业链，增强乡村休闲对其他产业的促进和带动作用时，开发休闲商品可以作为重要突破口。城市居民热衷于乡村休闲，他们对乡村农副产品、七特产品和手工艺品的偏爱和需求可以带动当地企业的发展。可以通过建立以当地农产品加工为龙头的企业，对当地土特产品、手工艺品、纪念品进行深加工、精加工，提高产品的附加值，为消费者提供多样化的旅游商品以拉动市场需求，刺激休闲者消费。可以采用旅游休闲与果园、菜园、经济作物、家禽家畜养殖相结合的乡村休闲经营模式，向游客提供绿色无污染的粮食、蔬菜、家禽，带动相关农副产品的销售，吸引游客进行餐饮消费。发展乡村休闲要深入挖掘乡村元素的旅游休闲价值。物质的、非物质的、有形的、无形的、生态环境、乡间小道、节气农事、喜庆民俗、果木花卉、种植养殖、四季时鲜、采摘收获、农民画、传统手工艺、土特产制作等皆可为资源素材组合加工深度利用，形成四季型全年候的产品，产业链链接的要素越多，时间越长，收益也就越多，对农村相关产业的拉动效应也就越大。

（二）加强区域产业链的协同合作

把乡村休闲产业链并入区域旅游网，加强区域旅游休闲协同整合。

第一，建立区域性旅游休闲协作板块，加强城乡之间的交流合作。乡村旅游休闲地与其他景区相比普遍存在着知名度不高的问题，现阶段城市旅游休闲产品在品牌、市场竞争力等各方面较之乡村旅游休闲产品有着明显的优势。在城乡合作的过程中，乡村旅游休闲可以与城市著名旅游休闲联合构建城乡休闲产业链，加入区域休闲整体推进、推广的大环境中，要通过建立城乡之间的信息网络，实现信息共享和客源共享，实现城乡之间的合作和双赢。

第二，改变目前因分散经营而各自为战的状态。在资源富集区可以根据农业特产适度集中，形成特色区块；村落适度集群发展，形成规模优势；加强与区域内的沟通链接；与旅行社、景区、旅游集团等结对加盟，纳入旅游休闲的主流线路；提升与度假、休闲、体验、商务、会展等多种现代休闲方式的功能对接；引入新的理念，加强产品营销策划，设计独特卖点，建立成熟的销售网络，加强市场推广。

（三）发挥龙头企业的带头作用

发挥乡村旅游休闲产业链中核心企业的龙头作用。核心企业在乡村旅游休闲产业链的地位和作用是无可替代的，它意味着规模、市场份额和品牌，最终意味着效益，核心企业虽不是产业链的全部，但它是其中最重要的环节，加快发展有竞争优势和带动力强的核心企业，就是促进发展乡村旅游产业链。中国现阶段乡村旅游产业链的发展还处于初级阶段，缺少能在乡村休闲产业链中担任领导作用的核心企业。可以建立一批有实力的龙头企业，通过吸引投资，扩大经营规模，形成具有较强市场竞争力和品牌竞争力的大型乡村旅游企业集团，当地政策也应该支持那些机制好、竞争能力强的大型企业，使这些企业迅速扩张规模，提高产品质量，提高企业抵御市场风险的能力和竞争力，发展成为龙头企业集团。围绕核心企业进行产业链的整合，以市场为导向，以科技为动力，借助核心企业的影响力带动各相关产业的发展，由“点”带动“线”的发展，再由“线”带动“面”的发展，通过乡村旅游休闲产业的发展促进整个区域的经济发展。形成以龙头企业为核心的乡村旅游休闲产业链，注意整体的协作互动。只有最终产品被市场接纳，各环节的价值才得以实现。应强化整体运作意识，使产业链的各行为主体相互协调，相互合作。建立公平科学的合作机制和利益分配机制，确保产业链的整体利益大于各个参与者的局部利益，使上下游各环节利益与整个产业链的利益紧密联结起来。应以市场需求为导向，根据市场需要来整合和引导整个产业链的发展。

第三章 我国乡村休闲旅游发展的路径选择

第一节 “政府＋农户＋企业＋协会＋旅行社”的发展模式

乡村休闲旅游的发展首先要政府占主导，政府占主导，并不是要政府无处不在，处处都干预乡村休闲旅游事务，而是要政府必须时刻引导乡村休闲旅游朝着健康方向发展。这里的引导主要是宏观政策上的，在乡村休闲旅游初期论证、审批阶段要严格把关。政府应当组织市场营销专家、环境与景观规划专家和历史、地理或者生态文化专家等对开发本地乡村休闲旅游项目进行充分、细致的分析、论证和考察。市场营销专家能够对乡村休闲旅游市场进行调查与预测，其中乡村休闲旅游市场调查包括对当地乡村休闲旅游市场需求的调查，当地乡村休闲旅游市场供给的调查，当地乡村休闲旅游市场客源地市场调查和乡村休闲旅游目的地市场调查等；乡村休闲旅游市场营销调查则包括对当地乡村休闲旅游产品调查和当地乡村休闲旅游促销调查等。对乡村休闲旅游市场预测能够给乡村休闲旅游开发与规划提供所需的基础数据，其包括对区域乡村休闲旅游市场发展趋势进行预测和对乡村休闲旅游市场消费倾向与客源地结构预测等。市场营销专家对当地乡村休闲旅游客源市场、客源类型以及客流量的分析为旅游资源开发可行性提供重要参考。环境与景观规划专家会与乡村旅游相关方面的专家举行讨论规划后会形成本地区乡村休闲旅游开发的全景图，其中开发的旅游产品不仅有乡村田园风光，还有乡风民俗、工艺品、生活形式等反映当地乡村文化内涵的旅游吸引物。

在开发乡村休闲旅游的地区，农户是一个不可忽视的主体，他们也应该被看作乡村休闲旅游的主体。农户参与到乡村休闲旅游开发当中来，才能够使游客亲切体会到乡村生产生活给他们带来的乐趣，也能够从中了解更多乡风民俗，体验乡村历史文化底蕴等。只有让农户参与到乡村休闲旅游经营利益分配中来，才能够提高他们保护乡村旅游资源的积极性。农户需要严格执行乡村休闲旅游资源规划，贯彻落实政府制定的各项政策和规章制度。农户在不违反相关规定的情况下，有权利经营乡村旅游产品并获得应有的报酬；有义务履行当地政府和相关部门所规定的职责。经营规模较大或者相对集中的乡村休闲旅游地区，政府要引导农户开发特色产品，走“一户一品，一乡多品”的道路，向规模要效益，防止出现旅游产品雷同，恶性竞争等现象。

农户个体经营的乡村休闲旅游规模一般较小，设施不完备，很难满足游客的需求。因此，为了适应客源市场需要，当地政府引进企业加强乡村休闲旅游发展不可忽视。引进的企业应属于无污染或者企业排放的污水、垃圾以及气体经过处理能够达标的企业，比如特色农产品加工企业、手工艺品企业或者餐饮类公司等。加工类企业能够将乡村农产品直接加工成高附加值产品，一方面使得农民可以就地销售农产品，减少了外出销售成本环节；另一方面，农产品成为高附加值产品能够创造更多的利润，间接增加当地农民收入。餐饮类企业进驻乡村休闲旅游市场能够扩大其旅游接待能力，提高服务水平，满足不同层次类型游客的需求。多种类型企业的参与还可以帮助乡村地区产业结构调整，就地转移乡村劳动力，增加乡村农民收入，促进当地经济社会不断向前发展，有利于社会主义新农村建设。

乡村旅游协会是由村民代表、企业等自发组织起来，并对本行业发展起到监督、协调作用的非政府组织。乡村旅游协会秉承自律、公正、协调和发展的原则，在乡村休闲旅游发展中起着至关重要的作用。“此协会要有自己的规章制度，明确各成员的权利和义务；要加强与农户、村、企业以及政府之间的沟通与交流；督促协会成员严格遵守国家法律法规以及地方规章制度；反映农户的意见与要求，并及时、有效的帮助解决；沟通与其他旅游行业的关系，加强协作；对内对外宣传乡村旅游信息，提供旅游咨询等服务；协调会员之间的关系，在联合促销、教育培训、协作开发、协作价格和信息交流等方面进行合作”。乡村旅游协会是一座沟通的桥梁，它能减轻政府工作负担，使问题和矛盾得到及时的化解，有利推动了乡村休闲旅游的发展。

旅行社是一个专门为乡村休闲旅游寻求客源、宣传乡村旅游信息的团队。在有条件的乡村休闲旅游景区完全可以成立一个由乡村旅游协会负责管理的旅行社，此旅行社主要的职责就是开拓市场、宣传乡村旅游信息、组织客源等。如果地区乡村休闲旅游景点规模较小或者分散，我们完全可以与当地旅行社合作，按照事先约定好的合同分享利润。旅行社成员要具备良好的人际关系、沟通能力以及吃苦耐劳的精神，懂得为人处事要遵循的原则，只有这样才能够为乡村旅游发展寻找到更多的客源。

第二节 统筹各方利益，改善基础设施

一、协调各方利益关系，寻求投入资金的多元化

开发乡村休闲旅游最重要的一点就是拓宽筹集资金的渠道，保证有充裕的资金投入到乡村休闲旅游的项目和基础建设中来。首先，政府要积极倡导农户参与乡村休闲旅游资金的筹集，农户参与资金筹集的方式可以是现金、土地转让或者其他形式的入股等，参与入股的农户到年底都可以实现分红，享受村里或者乡镇其他类型的补贴等。其次，政府可以通过招商引资的形式，引进企业投入到乡村休闲旅游开发中来，可以对一些企业实施税收优惠政策等，以便吸引更多有利于当地乡村旅游发展的企业、组织来投资洽谈合作项目。最后，政府要认真贯彻上级对乡村旅游发展所下发的政策文件，还应结合当地实际制定针对乡村休闲旅游发展的扶持政策；针对上级拨付的扶持资金，政府要专门成立一个乡村旅游项目扶持专项基金，把上级和当地扶持资金用于开发当地乡村旅游项目中来。这笔专项资金在对每一个乡村旅游项目进行拨付前，政府及相关管理部门要联合专家进行充分论证，确认可以实施开发后才能够划拨这笔资金，资金的管理要遵循专款专用的原则。乡村休闲旅游开发对于一个地区来说是一个系统工程，涉及多方利益，在这里面就要合理分配利益关系，才能够确保乡村休闲旅游健康、可持续发展。

二、完善乡村基础设施条件

加强乡村基础设施建设是发展乡村休闲旅游的可靠保障。很多地区的乡村休闲旅游存在着“脏、乱、差”的现象，这给游客对当地乡村休闲旅游的满意度评价产生不利影响。政府要着手规划乡村休闲旅游区的基础设施建设，把资金投入到道路、饮水工程、垃圾处理、公共厕所卫生以及村容美化整洁等方面。乡村道路建设一定要按照当地路况实际，保证道路硬化标准，并且要在道路两旁配有路灯，在去往旅游区的主干道上有户外招牌和标识物；建设安全、清洁的饮水工程；政府要整治乡村生态环境，保持乡村整洁；对乡村产生的垃圾要实行集中、分类处理，避免生活垃圾影响乡村环境；在乡村旅游区内要划分停车场；在每个村的入口处设置咨询处，方便游客询问；在

乡村旅游区景点周围要建有医疗卫生点、邮政储蓄业务点和通信服务点等；对村民改造的民宿要进行监管，不仅在规模上要限制，还要保证其不破坏乡村聚落的原真性，避免出现乡村“城镇化”，否则会影响到游客来乡村休闲度假的效果。

无论发展什么样的旅游，我们都应该按照客户群的需求分出层级，这样可以针对不同类型的客户提供不同层次的服务。在乡村基础设施建设改造和完善的过程中，我们要充分考虑到这一点。对于消费层次低的顾客，农户一方面可以供给农家饭，费用较低；另一方面可以将自家空闲房间用作旅馆提供住宿，满足低层次顾客需求。对于消费层次较高的游客，我们可以在乡村休闲旅游区周围建有一定数量的高档的宾馆，但切忌过度开发类似的产品，以免造成不必要的浪费。

第三节 资源开发与环境保护并举

对乡村旅游资源的合理开发利用和保护是乡村休闲旅游得到可持续发展的基础。乡村旅游资源开发应坚持乡土特色原则，游客来乡村观光游览、体验乡村生活以及了解乡村民俗历史文化等，都是以乡村旅游资源的原真性为基础的，这正是乡村旅游与城市旅游相比所具有的独特之处。另外，我们对乡村旅游资源的开发要遵循保护性开发的原则，这一原则也是乡村可持续发展理念的体现。保护性开发要求开发者能够完全了解当地历史，这样才会保证乡村旅游资源历史真实性、风貌完整性和生活延续性的独特魅力；在开发过程中要保持乡村周边原生的自然景观与居民建筑体现当地风格；景区规划要完全融入当地人的生活，将乡土人的生活过程完整地体现在这一景观中，这样才能够使外来游客深切体会到当地人的民俗文化。政府相关管理部门要根据《环境保护法》和《土地资源管理法》等法规对破坏景区环境的行为进行制裁，严禁乱排污水和乱放生活垃圾，对在景区周围违法施工作业的行为进行严肃处理；乡村旅游协会组织有义务对景区卫生进行监督、修复古建筑遗产以及保护景区景观以免遭到破坏等。政府要组织环境、地理或者历史学等方面的专家，对景区农户、经营管理者以及服务人员开展专题讲座，强化他们的环境保护意识，并对他们进行定期或者不定期的考查，合格者将在年终评比中获得奖励，不合格者将受到处罚，严重者将取消他的年终分红或者吊销其营业执照。乡村旅游协会要协助政府相关管理部门对经营户划分景区维护责任区，并对其加强监管。

乡村休闲旅游开发是否有效是乡村休闲旅游可持续发展的关键，在开发乡村休闲旅游过程中，我们应该坚持以下几个步骤：首先，政府相关部门应在乡村指导成立乡村休闲旅游开发指导委员会，其成员主要是在村里有广泛群众基础的，能够热衷于旅游事业，能代表广大人民利益的人组成，其职责主要是对整个开发过程进行组织、沟通和协调。要充分考虑到农民或者社区居民利益，在立足自身资源和进行市场需求考察的情况下拟定乡村休闲旅游项目。相关部门应组织专家对现有资源的赋存情况、文化内涵以及开发条件进行充分论证，挖掘比较优势，拟定出独具特色的乡村休闲旅游产品。其次，我们要充分考虑开发乡村休闲旅游给当地乡村居民带来的积极和消极影响，应该对影响乡村休闲旅游的因素进行识别，这些因素包括个人和家庭方面的、乡村基础设施情况、乡村社区内和机构内的关系因素以及经济条件因素等等。对这些因素进行识别，能够定性或者定量地对影响乡村休闲旅游开发的程度进行预测。第三，乡村休闲旅游开发指导委员会成员要将以上的影响因素与村民进行沟通交流，并对村民的建议和意见进行综合考虑，客观地实事求是地争取村民的理解和支持，让当地村民能够真正感受到发展乡村休闲旅游给他们带来的益处。第四，聘请相关专家、学者对项目可行性进行深入、细致的调查研究，对方案的可操作性和既定预期的经济、社会效益进行论证，为下一步的投资决策提供科学依据。第五，政府管理部门评审专家以及开发指导委员会的成员应该对可行性报告进行评审和修订，保证此开发项目的科学性以及争取得到乡村居民的支持。第六，拓宽资金筹集渠道，坚持“谁投资、谁受益”的原则，国家、集体和个人都能参与其中，鼓励多种形式的资金投入，在保证资金到位的情况下，我们就可以实施乡村休闲旅游开发。在整个乡村休闲旅游项目的开发过程中，只要涉及乡村居民利益的每个步骤，我们都应该邀请其代表参与其中，以保证乡村休闲旅游开发给当地产生的经济、社会效益，减少开发过程中的阻力，推动乡村休闲旅游可持续发展。

第四节　健全各项规章制度，完善服务体系

一、健全各项规章制度，做到标准化、规范化管理

要想做到乡村休闲旅游健康、稳定、持续的发展，政府各相关部门需要建立健全各项规章制度，对乡村休闲旅游行业进行监督管理。当地政府首先应该按照国家要求制定适合当地乡村旅游发展的示范园区、休闲农业、乡村休闲旅游示范点标准，尽快启动地方休闲农业与乡村休闲旅游示范工程，把示范县、示范乡（镇）、示范企业的建设作为带动和引导地方休闲农业和乡村

休闲旅游发展的重要举措，这有利于乡村休闲旅游产品质量的升级，提高乡村休闲旅游市场的竞争力。

现代社会是一个市场经济的社会，我们在遵循经济规律，按照市场化运作的基础上，还要充分考虑到市场的盲目性、自发性等特点，针对市场缺陷，政府要采取措施积极应对，避免出现损害经营户和游客双方利益的行为。我国乡村休闲旅游虽然发展迅速，但起步较晚，总体来说还处于起步阶段，各项管理制度很不健全。政府要根据当地乡村休闲旅游实际情况，制定相关规章制度、管理条例和办法等，比如政府要组织旅游规划、历史文物、环境、工商等方面的专家对发展乡村休闲旅游有关的行业制定规范条例。为了防止经营业主对游客漫天要价，损害消费者的合法权益，我们可以制定《乡村休闲旅游景区价格管理法》，里面涉及门票价格、农副食品销售价格以及住宿、餐饮等管理规定，这一规定也可以抑制当地消费品价格上涨，对当地农民也有利；为了给游客创造优美的休闲环境，政府相关部门应该制定《乡村休闲旅游景区卫生管理条例》，这部条例要对乡村休闲旅游景区的责任区域、责任人和奖惩办法等有明确的规定，另外更重要的是要在餐饮卫生方面加大检查力度，为游客提供一个安全、卫生的休闲消费环境；消防安全在乡村休闲旅游发展过程中应重点关注，消防部门应把制定的《消防安全条例》发放到每位业主手中，并要求业主进行认真学习，消防部门也要派专人对其进行消防安全指导、考核等，要对经营业主的经营场所定期或者不定期进行排查，对发现存在安全隐患的场所责令停业整顿，整改合格后允许其正常营业。

完善有关乡村休闲旅游的各项规章制度只是乡村休闲旅游向规范化、标准化管理走出的第一步，最重要的是要求各相关管理部门的积极配合，认真贯彻落实。为了当地乡村休闲旅游的发展，甚至是为了当地经济社会的发展，我们的政府各相关管理人员及工作人员要切实秉承为人民服务、对人民负责的原则，认真履行自己的职责，绝不能玩忽职守，推卸责任等。

二、注重引进人才，加强对从业人员的培训，提供优质服务

我国自从实施人才强国战略以来，各行各业都把引进适合自己行业发展的高素质人才作为重点。高素质人才意味着先进生产力，他们能够在自己的本职岗位上充分发挥聪明才智，是国家建设的强大生力军。旅游业作为一个服务行业，同样需要懂技术、会管理的高素质人才。乡村休闲旅游发展地区的经营业主很多是农户，他们的文化水平一般都比较低，经营管理理念落后，而且对于一些需要技术的休闲农业，农户由于没有相应技术而不敢接受或者观望这类旅游项目；在信息化高速发展的时代，乡村旅游景区也要引进信息

网络技术型人才，这类人才能够帮助景区紧跟时代步伐，提高乡村旅游经营效率；景区的导游必须持导游资格证，具有大专以上学历，具备良好的沟通能力并且相当熟悉景区的环境和乡村历史文化等。

政府一方面为乡村休闲旅游引进人才的同时，另一方面要加强对旅游区内从业人员进行培训。乡村旅游协会要协助政府分批次将旅游区内的经营业主组织起来进行培训，并且要针对乡村旅游景区的实际制定详细的培训计划，加强对业主的教育，使他们掌握旅游管理和营销方面的知识；我们还可以与地区高校加强合作，签订定向人才培养协议，不断引进高素质人才。加强对乡村旅游区居民的教育，能够提升乡村休闲旅游产品的层次和品位，提高乡村休闲旅游区整体接待服务水平，从而推动乡村休闲旅游效益不断提高。

加强对落后地区村民的教育与培训是实现当地乡村休闲旅游可持续发展的重要保证。贵州巴拉河乡村休闲旅游项目得以顺利开发并取得经济、社会和生态多重效益，正是在于对该项目区 4600 多位苗族群众进行了系统培训。在项目开展期间，项目组的国内外专家以及省、州、县项目办人员深入项目区所涉及的村寨进行调研、走访和座谈，向村民们宣传开发乡村休闲旅游对当地经济社会发展带来的意义以及相关的乡村休闲旅游知识。国际专家将村民作为“地方性知识的拥有者”，通过“启发—交流—互动—分享”的新模式，在互动交流中将专家拥有的知识系统与村民的知识系统实现了有机结合，大大深化了村民对开发当地乡村休闲旅游的认识，提高了他们自身的旅游接待业务素质，也增强了村民对本民族文化的自豪感。“在此次项目开发经营过程中，一共培训村民 900 余人次，还对 50 名村寨信息员进行技能操作培训。同时，为了开拓村民眼界，接受新观念，省、州项目办先后两次组织巴拉河项目区村寨的村委会负责人、旅游管理人员、信息员和部分村民代表 92 人次，到省内外发展乡村休闲旅游成熟的地区考察学习，重点放在村寨环境卫生、资源开发利用及保护、旅游经营方式、管理模式等方面”。

第五节　突出特色，走品牌化战略

一、挖掘地域旅游特色，打造旅游新亮点

一个旅游景点能够吸引游客并不断提升其知名度的关键是其开发的旅游项目或者产品具有特色。现代乡村休闲旅游有很多类型，主要有以绿色景观和田园风光为主题的观光型乡村旅游；以农庄或农场旅游为主，包括休闲农庄，观光果园，茶园、花园，休闲渔场，农业教育园，农业科普示范园等，

体现休闲、娱乐和增长见识为主题乡村旅游；以乡村民俗、乡村民族风情以及传统文化为主题的民俗文化、民族文化及乡土文化为主题的乡村旅游；以康体疗养和健身娱乐为主题的康乐型乡村旅游等。目前以“农家乐”为主题，集多种娱乐休闲方式于一体的发展模式成为乡村休闲旅游一大看点，游客们能够从中得到身心的愉悦。

发展乡村休闲旅游要结合本地实际，发挥比较优势，充分整合各种资源，打造属于自己的旅游新亮点，这样可以吸引更多的游客，提高顾客的重游率和当地经济的可持续发展。如果在发展乡村旅游过程中，一味追求数量和模仿它的模式，只会降低当地旅游的知名度，进而美誉度也得不到提高。比如说通过在山区发展沟域经济、在平原发展园区经济，在湖区发展水产经济，充分利用山清水秀、空气清新、环境优雅、资源丰富的优势，大力发展不同类型的旅游。在山区和丘陵地区发展以吃农家饭、赏农家景、住农家院，体验浓郁的乡土气息和淳朴的乡村风情为主的休闲农庄；利用水资源优势，以垂钓娱乐为主，让游人充分享受赏山水、吃水鲜的乐趣；在农产品种植广的地区，发展以观光农业为主的休闲旅游模式，让游客们在采摘果蔬中尽享劳动情趣等。另外，我们要重点打造乡村休闲旅游文化品牌，提升乡村休闲旅游文化内涵层次，比如说营造颇具地方特色的文化氛围；举办富有文化内涵的节庆活动；挖掘传统年节活动的文化底蕴；开发民族民间民俗文化资源等。

成都“农家乐”作为我国乡村休闲旅游目的地，其走的特色化经营之路无疑是比较成功的。“农家乐”依托的是当地农业生态资源和乡村人文资源，尽管开发和经营过程中围绕“农”字下功夫，但区域内具体经营方式各有特色。各地区分工明确，寻求共同发展。比如郫县农科村主打园林，龙泉驿书房村主打花果观赏，幸福梅林主打花卉，青城后山主打避暑休闲，洛带镇主打古镇文化，江家菜地主打农事体验等。“农家乐”连线成片，不同区域各具风格、优势互补，突出地域旅游特色，打造地方亮点。

二、加大对内对外宣传力度

宣传对于任何一种商品来说都是十分重要的，再好的产品如果宣传效果不好，其得到的收益也会较少。对于乡村休闲旅游来说，宣传乡村旅游产品效果的好与坏，关系着当地乡村旅游效益。宣传也是一项不小的投资，对于农户来说，只能靠口碑传播或者印发小册子、传单等进行宣传，这样的形式宣传效果极为有限。对乡村休闲旅游的宣传离不开政府部门的支持，可以通过旅游主管部门牵头，在广播电视、报纸等大众媒体上进行宣传报道，制作乡村休闲旅游主题片，把乡村休闲旅游特色重点推介出去，吸引本地区和省内的游客前来休闲度假。我们在做广告宣传时，首先要突出地区休闲旅游的独特性，这一鲜明主题也很难被竞争对手超越。比如夏威夷的旅游广告是“夏威夷是微笑的群岛，这里阳光灿烂”，突出了夏威夷当地居民的热情奔放与好客；宋城的广告则是“给我一天，还你十年”，让游客沉浸于历史，产生时空的错觉；香港的广告是“魅力香港、万象之都”和“动感之都”等，则点名了香港是一个“多姿多彩的现代化都市”等。另外，乡村旅游协会可以走出去，在周边各市、县组织乡村旅游展示会，将印制的小册子发放给现场的观众，并派专人对观众进行乡村旅游项目进行介绍，对观众提出的问题进行解答等，小册子的内容应该详细地包括乡村休闲旅游资源、旅游路线、乡村休闲旅游项目、旅游接待设施和条件等。在周边各市、县主干道上要设立招牌，加大对乡村休闲旅游区的宣传。

随着网络技术的发展，人们的生产与生活方式发生了深刻变化。越来越多的人希望从网络中获取自己想要得到的信息，并且要求得到的信息全面而又准确。因此旅游主管部门应该建立一个当地的旅游网站，以便为想要外出到乡村休闲度假的客户群体提供便捷的服务。这个网站建立的原则应该是保证乡村旅游信息的准确性、及时性、有效性和全面性，设定这样的原则不仅对当地乡村休闲旅游起到宣传作用，而且还可以使潜在的客户群成为实际的顾客。其中包括的主要内容应涵盖旅游景点宣传片、住宿信息、天气状况、出行服务、旅游指南、民俗荟萃、乡土特产、农家美食、娱乐信息等。除此之外，我们可以为顾客提供网上购景点票、预订房间和交通票服务。这些在给顾客提供方便的同时，也提高了当地乡村休闲旅游的美誉度，从而有助于当地乡村休闲旅游的可持续发展。

三、注重品牌知识产权保护

发展乡村休闲旅游必须做好这方面的内容：一方面，我们要挖掘出特色旅游产品，避免与相邻地区开发雷同项目；另一方面，我们要加强对开发的具有旅游特色的项目和产品实施知识品牌战略，注重知识产权保护。品牌知识产权保护能够增强当地旅游产品在市场上的竞争力，同时有利于扩大地方旅游知名度，从而能够拓宽客源渠道，促进当地乡村休闲的发展。对品牌知识产权实施保护，相关政府管理部门要足够引起重视，要对当地乡村休闲旅游地区开发的特色旅游产品进行评定和组织申报，单单依靠乡村农民薄弱的知识产权保护意识是远远不够的；另外，我们的乡村旅游企业也要加强科技创新能力，根据当地农业资源比较优势，生产出别具特色的乡村休闲旅游产品，并及时到相关部门组织申报和注册事宜。我们在做好及时注册工作的同时，也要对恶意侵害我知识产权的行为作斗争，坚决维护我们的合法权益。其中，塑造品牌比较成功的要数成都“农家乐”。他们在“农家乐”进入规范发展期后，最重要的是走品牌化战略。政府、企业和农民三管齐下。比如，农科村宣传中国“农家乐”第一村概念、“五朵金花”的广告遍布大街小巷等。同时通过举办美食节、国际乡村旅游论坛提高了其知名度，成都荣膺“中国农家乐旅游发源地”称号。

第四章　乡村旅游可持续发展

第一节　乡村旅游可持续发展的内涵

一、旅游可持续发展

（一）可持续发展的概念

可持续发展思想起源于生态环境领域，最初是指生态的可持续性，着重从自然属性定义可持续发展，强调要保护和加强环境系统的生产和更新能力。后来，又出现了从社会属性、经济属性和科技属性定义的可持续发展概念。尽管对可持续发展的概念，至今仍众说纷纭，但真正得到国际社会普遍认可的可持续发展经典定义是在1992年里约热内卢联合国环境与发展大会上得到公认的《我们共同的未来》中提出的定义：即“既满足当代人的需要，又不损害后代人满足其需要能力的发展”。可持续发展在评价指标上与传统发展模式所不同的是不再把GNP（国民生产总值）作为衡量发展的唯一指标，而是用社会、经济、文化、环境、生活等各个方面的指标来全面衡量发展。把眼前利益与长远利益、局部利益与全局利益、社会效益与经济效益有机地统一起来，使经济能够健康持续发展。

（二）可持续发展理论的产生与发展

可持续发展理论的产生和发展大致经历了三个重要阶段：

第一个阶段，1972年6月，联合国人类环境会议于瑞典首都斯德哥尔摩召开，共有113个国家和一些国际机构的1300多名代表参加了会议。这是联合国历史上首次研讨保护人类环境问题的会议，也是国际社会就环境问题召开的第一次世界性会议，标志着全人类对环境问题的觉醒。会议的成果主要体现在两个文件中，其一是大会秘书长委托完成的非正式报告《只有一个地球》，其二是大会通过的《联合国人类环境宣言》。这是第一本关于人类环境问题的最完整的报告。

第二个阶段，斯德哥尔摩会议第一次把环境问题的重要性和紧迫性摆在各国政府面前，开始在全球范围内唤起世人对环境问题的觉醒。但是，本次会议未能把环境问题同经济和社会发展结合起来，暴露了环境问题却未能确定其根源和责任，也就不可能真正找到解决问题的出路。许多发展中国家并未意识到环境污染的影响，甚至认为环境污染是发达国家的事情。

第三个阶段，在纪念斯德哥尔摩会议10周年之际，一些专家撰文指出，新的问题已经出现。一方面，虽然发达国家在治理环境污染方面取得了一些进展，但环境问题的焦点却逐渐转移到了发展中国家；另一方面，越来越多的证据使各国政府逐渐开始认识到环境问题决不只是一个国家内部的问题，只有通过国际合作，才有可能真正取得进步。以后又相继发表了《我们共同的未来》《我们共同的安全》《我们共同的危机》三个纲领性文件。最引人注目的是，《我们共同的未来》报告中首次采纳“可持续性”和“可持续发展”的概念，把环境与发展紧密地结合在一起。170多个国家的代表团参加了这次会议，有102位国家元首、政府首脑以及联合国机构和国际组织的代表出席了这次会议并取得了重大的成果，通过了《21世纪议程》和《里约环境与发展宣言》两个纲领性文件以及《关于森林问题的框架声明》，签署了《生物多样性公约》和《气候变化框架公约》。通过会议，国际社会就环境与发展密不可分，为生存必须结成“新的全球伙伴关系”等问题达成共识，接受了可持续发展思想的重要纲领。这次会议是1972年联合国人类环境会议之后举行的讨论世界环境与发展问题的最高级别的一次国际会议。它所通过的文件充分体现了当今人类社会可持续发展的新思想，反映了关于环境与发展领域合作的全球共识和最高级别的政治承诺。这次大会在更高层次上、更大范围内提出了可持续发展是全球社会经济发展的战略；并要求每个国家都要在政策制定、战略选择上加以实施。至此，可持续发展已成为许多国家政策制定的指导思想和战略选择。中国也相应制定了《中国21世纪议程》，并把可持续发展作为中国经济发展的战略之一加以实施。

（三）可持续发展理论

Swarbrooke认为可持续发展理论通常具有三个方面：环境（自然与人文环境）、经济（社区与商业）、社会（当地居民与游客）的可持续发展。环境的可持续发展包括一个社区内所有的自然环境、耕作环境、人造环境、野生动植物及自然资源。经济的可持续发展包括新近注入一个社区的所有资金和当地商业从旅游活动中所获取的所有利润。社会的可持续发展包括旅游者和社区各自的活动及其之间的互动。值得一提的是，这三个方面是平等的，相互依赖，相互制约。为了获得旅游业的可持续发展，必须正确理解这三个方面之间的关系。但是，大部分的研究工作都把重点放在了旅游业可持续发展中的环境和经济方面。

Muller 认为，三个方面的可持续性对旅游业发展的贡献是相同的。但 Hunter 不认可这种平衡论。Hunter 指出，这种平衡的方法是理想化、不切合实际的，因为它建立在一个假设之上，即可持续旅游业有多种实现方式。Hunter 提出，可持续旅游业不一定意味着这些经常发生竞争的领域会在某种程度上取得平衡。Hunter 提出了四种可持续发展的旅游形式，第一种方法被称为“需求型旅游业”。这种方法重点强调的是旅游业的发展和满足游客和旅游产业的需求。第二种方法是“产品导向型旅游业”。这种方法优先考虑旅游产品，对环境和社区的关注也仅仅局限在它们是如何直接或间接地影响旅游产品。第三种方法是“环境导向型旅游业”。这种方法将环境放在主导地位，而其他方面退居其次。以此为指导发展的旅游产品严重依赖自然环境，任何对环境的改变都会威胁到该地区的旅游业前景。第四种方法是“原发型旅游业”。这种方法发展的旅游业基于生态学。旅游业从业人员在规划旅游产品、营销旅游项目和提供客户服务的过程中将旅游地生态的可持续发展纳入考虑范围。

（四）旅游业可持续发展的原则

正如可持续旅游业具有多种定义一样，旅游业可持续发展的原则也是建立在各个作者不同的观点和强调的重点之上的。他们重点关注如何管理一个社区的资源以实现经济健康发展，资源保护，投资和收益分配中的公平，保证自给自足，以及满足游客需求。所有原则对旅游业可持续发展都很重要，任何一个原则被忽视，都会使可持续发展陷入危机。这些原则如下：

（1）所有的自然环境、历史和文化资源，在造福当代人的同时要加以保护，确保后代人享有这些资源的权利；发展旅游业时，外界对环境、社区和游客的负面影响应当最小化；可持续发展应当保持或改善当地环境质量；保持或提升游客的满意度；在分配由社区发展带来的收益时应当确保公平。

（2）在社区开始发展之初就应当考虑到所有利益相关者，利益相关者应当被告知可持续发展的相关概念；应当尊重旅游目的地的文化、经济、生活方式、环境和政治制度；对发展的规划和管理应当在环境极限之内，并考虑到对各种资源的长期合理利用，旅游业的规划发展和实施，应当是国际和地区可持续发展战略的不可分割的一部分；旅游业应当考虑到环境代价和收益，全方位拉动当地经济活动，而不应当成为导致当地经济基础单一化的原因；在旅游业发展的各个阶段，都应当进行研究，以及时了解情况，解决问题，使利益相关者得以对变化做出反应，并抓住机遇。

（3）采用的方法应当经过整体规划，具有战略性；为了子孙后代的利益，应当确保生产力能够长期持续。

（4）更深入地了解和理解旅游业对环境和社区做出的突出贡献；提高当地人的生活质量。

（5）减轻对社区资源的过度消费和浪费；维持自然、社会和文化系统的多样性；在旅游业的营销过程中应当提高对旅游目的地的自然、社会和文化环境的尊重，同时，提升游客的满意度。

二、乡村旅游可持续发展

世界旅游组织（WTO）将可持续旅游定义为经济发展的一种模式，并具有以下特征：能够提高旅游区当地居民的生活质量；可以向游客提供高品质的旅游体验；在满足现实旅游者和当代居民需要的同时，保证旅游区环境免遭破坏。《可持续旅游发展宪章》中指出，可持续旅游包括三个方面的含义：在为旅游者提供高质量旅游环境的同时，改善旅游地居民的生活水平；在开发过程中维持旅游供给地区生态环境的协调性、文化的完整性和旅游业经济目标的可获得性；保持和增强环境、社会和经济未来的发展机会。根据《可持续旅游发展宪章》给出的定义，可持续发展分成：生态的可持续发展、文化的可持续发展和乡村经济的可持续发展。生态的可持续发展，指的是乡村旅游的发展要与对当地基本的生态发展、生物的多样性和生态资源的维护相协调一致；文化的可持续发展，指的是乡村旅游的发展要提高人们对生活的控制能力，并使之与人们的文化价值观相协调，同时要注意维护和增强乡村社区文化的独特个性；经济的可持续发展，是指发展乡村旅游能够取得一定的经济效益，资源能够得到有效的管理，以便造福我们的子孙后代。

Hanneberg 认为旅游业的经营如果在不超出大自然的承受力和自然资源的再生能力的前提下进行，是能够实现可持续发展的，同时也应认识到社会、风俗习惯、生活方式以及人类自身对游客旅游体验所做出的贡献，让人们平等合理地分享到可持续旅游所带来的经济利益。尤为重要的是旅游业的发展不该违背旅游地居民的意愿。

无论对可持续旅游发展如何定义，有一点是可以肯定的：可持续旅游发展将对环境和当地的经济起到积极的促进作用，同时它还可以增进人们对旅游业发展给自然、文化和人类生存所带来各种影响的认识；确保效益风险的平均化；从包括当地居民在内的社会各个阶层中寻求最终的解决途径从而实现旅游业与其他资源利用的协调发展；规划与区域性管理相结合，使旅游资源的开发和资源的永续利用呈现合理有序的发展状态；通过将自然资源、文化资源对社会经济发展、社会环境的重要性公示化，实现对这些珍贵资源的保护；对旅游发展所带来的各种影响实行监管和评估。建立一套切实可行的环境监督机制，并对由此产生的各种负面影响进行有效控制。

鉴于上面提到的定义及基本思想，乡村旅游可持续发展的实质主要体现在以下四个方面：

（一）公平性

所谓公平性指的是机会选择的平等性。这里主要涉及两层意思：一是同代人之间应公平受益、公平享有旅游及消费机会。乡村旅游可持续发展要求人们必须重视旅游地社区对旅游者的旅游质量所做的贡献，因此旅游接待地区居民有权参与本地旅游开发的重大决策，就其所期盼的社区类型出谋划策，并分享旅游业带来的收益；二是旅游资源和环境应该实现代际共享，当代人旅游需要的满足不能以旅游区环境的恶化为代价，剥夺后代人的社会发展能力和生活需求。当代人留给后代人开展旅游活动和发展旅游业的环境资源不应少于目前拥有的程度，每一代旅游开发者和经营者都应为下一代人的发展机会负起同样的责任。

（二）可持续性

乡村旅游需求的不断满足和生态环境的可持续性是旅游业有可能实现长期发展的首要条件。乡村旅游业的发展必须建立在旅游地区生态环境和社会文化环境的承受能力之上。旅游业的发展既要能够吸引足够数量的游客来访，并保证其旅游质量，又不致使当地的环境和社会文化出现不可逆转的破坏性变化。提高人们对文化和价值观的认识，维护和增强社区的个性是保障旅游地社会文化可持续的基础。经济的可持续发展要求效益的取得应以资源的有效利用和有效管理为前提，发展乡村旅游能取得经济效益，资源能得到有效的管理，以便能造福子孙后代。经济效益是对乡村旅游经营者和相关部门经济投入的回报，是维系乡村旅游供给的重要因素。

（三）共同性

由于各国历史、文化、社会经济发展水平，旅游资源拥有程度及其使用状况不尽相同，有关旅游可持续发展的具体目标和政策不可能整齐划一。但是旅游可持续发展作为全球旅游发展的总目标，所体现的公平性和可持续性原则是相同的。围绕这一目标的实现，全球必须协同采取行动。因此，各国政府、联合国机构和非政府组织、旅游实业界、旅游接待地区民众以及广大旅游者对旅游可持续发展的实现都负有责任，旅游可持续发展的实现需要各方的规范合作。世界旅游组织在其所制定的《旅游业 21 世纪议程》中尤其强调指出，旅游可持续发展的实现需要世界各地坚定的承诺和协同一致的行动。其中有关目标和政策上的承诺是由社会各个阶层和各个方面共同做出的。从根本上讲，这意味着政府和社会各个方面在增强对环境和发展问题的认识上必须确立有效的合作。

（四）利益协调性

这里所说的利益协调性主要是指主客双方的利益协调，即旅游者与接待社区之间的利益兼顾与协调。首先，乡村旅游的发展必须与当地经济有机结合，满足旅游开发地的基本发展需要，提高当地居民生活水平和社会发展水平。其次，旅游者希望能够被提供高质量的旅游经历，能充分体验旅游地所具有的独特的历史、社会与文化。这两个目标的实现缺一不可。事实上，一旦当地居民与游客的利益发生冲突时，游客的利益常常得不到保障。此外，当地社区对旅游业的参与也因种种问题而受到制约甚至限制。其结果是旅游业的发展不但没能改善当地社区的生活质量，反而使当地社区的正常生活受到不同程度的干扰，由此而使当地社区产生反感，反过来又会对旅游者产生某种程度的不满情绪甚至不利影响。所以，要使旅游业能够可持续发展，就必须使主客双方的利益得到兼顾。这既是旅游可持续发展的一项目标，同时也是一个实现旅游可持续发展的基本保障。乡村旅游作为一种强有力的发展形式，应有效地保护乡村旅游资源与环境，用可持续发展的观念与方法正确处理旅游开发与乡村旅游资源、环境和乡村文化特色的关系。乡村旅游发展必须建立在生态环境的承受能力之上，与乡村经济、文化、社会发展相协调，自觉理智地循序渐进，并保障乡村资源利用的持续性。乡村旅游的可持续发展在推动旅游业向前发展的同时，可以维持乡村旅游资源的合理、永续利用，保护和改善乡村生态平衡，还能带动农村经济的发展，增加农民收入，改变农村贫穷落后的状况，为今后农村经济的持续增长增加了新的动力。改变传统的发展观念，杜绝短期行为，是实施乡村旅游可持续发展的根本保证。

第二节 乡村旅游可持续发展的目标

乡村旅游可持续发展要求在时间尺度上，既要满足当代人旅游的需要，又不能损害子孙后代满足其旅游需要的能力；在空间尺度上，既要提高旅游者的旅游质量，又要改善当地居民的生活质量，既要协调保护环境、维持乡村“独特性”与旅游开发之间的矛盾，又要注重乡村资源、经济、社会、文化、环境的协调发展。但总的说来，其目标可以归结为乡村生态可持续发展、乡村社会和文化可持续发展、乡村经济可持续发展三个方面。

一、乡村生态可持续发展

纯净的环境、良好的生态是乡村旅游的基础，乡村生态的可持续发展要求乡村旅游的发展要与对基本生态过程、生物多样性和生态资源的维护协调一致，对乡村旅游接待容量实施有效控制，增强当地居民和游客保护生态环境的意识。实现乡村生态可持续发展，首先要保持当地生态环境稳定性，并进一步优化环境。在一些偏远的乡村地区，那里森林覆盖率高、空气清新、水质纯净、动植物种类繁多、地域特色明显，但环境容量有限，发展乡村旅游要实施有效控制接待容量，旅游活动量必须严格控制在乡村环境承载力范围内。其次，增强当地居民和游客保护生态环境的意识。最后，实现乡村旅游资源可持续利用。

二、乡村社会和文化可持续发展

乡村社会和文化的可持续发展是指乡村旅游的发展要提高人们对其生活的控制能力，这一能力的提高要与人们的文化和价值观相协调，并维护和增强社区的个性。乡村社会和文化的可持续发展，一方面要求旅游区在开发规划时，要确定其社区社会承载力，并通过必要措施，将由于旅游带来的消极社会影响控制在临界点以内；另一方面，必须借助地方政府的力量，制定保护地方文化和社区特色的法规，并通过有效宣传，使旅游者充分尊重乡村社区文化和风俗习惯，同时鼓舞当地居民自尊、自爱，使他们相信通过旅游这种方式，可以增强他们对所在社区的社会认同感和对文化的尊重。

三、乡村经济可持续发展

经济效益是乡村旅游的经营者和相关部门经济投入的回报，这是乡村社区发展旅游业的目标之一，也是维系乡村旅游供给的重要因素。也就是说发展乡村旅游要有合适的投资回报，乡村旅游必须带来不低于旅游开发的门槛游客量，以维持当地供给的规模和水平。但是这种旅游规模也并不是越大越好，它还要取决于当地的经济实力，即乡村旅游规模的确定必须与当地区域经济发展水平相匹配。经济的可持续发展还要求效益的取得应以资源的有效利用和有效管理为前提，根据都市旅游者对乡村旅游的特定需要，针对乡村特有的旅游资源，开发有特色性、吸引力强的乡村旅游产品，并通过有效管理和合理控制，从而获得最大的经济效益，促进乡村经济的繁荣发展。

第三节　乡村旅游可持续发展的路径探讨

乡村旅游作为现代旅游的一种新形式，已成为当今重要的产业形式，它把城市与农村紧密相结合，赋予乡村产业发展新内容。从本质上讲，乡村性是吸引旅游者进行乡村旅游的基础，是用以区别城市旅游和界定乡村旅游的最重要标志。促进乡村旅游可持续发展应该做好以下几个方面：

一、政府工作

首先，制定科学规划，健全各项法规制度，做到统放适度，规范管理。乡村旅游的开发、旅游资源离不开农业部门、旅游部门、其他行政主管部门等的协调统一有效管理，政府主管部门依据农业资源的不同性质、作用、功效统筹规划，有机整合，分门别类，制定相应的旅游发展规划和政策，运用法律、行政、经济等手段做好指导、监督，有针对性地进行管理。“统”是为了乡村旅游的整体形象和整体利益，“放”是为了让一家一户的分散经营更灵活，更好地适应旅游市场的需求。

其次，开发乡村旅游的地区要重视本地人才的培养，用现代化科学管理制度和方法经营乡村旅游。乡村生态旅游是一种文化性、趣味性、参与性很强的产业，只有在内容和形式上充分体现出与城市生活不同的文化特色，体现出鲜明的地域特色、民族色彩和文化内涵，并将之融合于优美和谐平衡发展的乡村生态环境中，才能最大限度地激发旅游者的出游动机，促进乡村旅游持续健康发展。

最后，扶持完善乡村旅游配套设施。旅游环境是个综合指标，旅游业的持续发展更是综合性经济产业，既包括有形的指标，如便捷的交通，以提高旅游区的可进入性；特色的乡村旅馆，以增强对游客的吸引力；也包括无形的服务质量等标准，创造高质量、高品位的旅游服务环境，以赢得游客的稳定性，使游客进得来、留得住。

二、乡村旅游产品品牌的构建

乡村旅游重点在乡村景观所具有的典型乡村性和传统地域文化特色性，开发保持乡村旅游产品就要从挖掘产品供给入手，考虑这些资源的内涵，多方位满足游客观光、度假、求知、闲适、猎奇、尝鲜、参与等活动需要，调动游客视觉欣赏、触觉感知、味觉品尝、丰富听觉等多种感官，让游客主动参与，丰富见识、增长才识。这就要求依据乡村旅游产品自身兼具生产性、生活性和生态性的功能特征，保持乡村旅游产品的自然真实性，设计具有独特性的产品。农业的地域性、自然条件差异性决定了产品不能模仿，切记追求一刀切。

乡村旅游产品的梯级分层开发要自然和人文兼顾，推动“物的乡村旅游”和“人的乡村旅游”相互融合，相互促进。留住乡土文化和建设农村的生态文明的同时，思想、观念和意识，素质能力、行为方式和社会关系，都是必须要考虑的内容。这些最好要融入乡村古朴建筑、乡民奇妙典故传说、传统部落住宅、浓厚底蕴的乡村节庆、风情沿革、农作物及生产方式等都是丰富的乡村人文资源之中。因此要认真分析旅游乡村的历史发展过程，从中探寻乡村发展的文脉、演变，设计一些吸引旅游者参与共融的农家生活旅游项目产品，山水之乐乐在人，山水之美美在人。因朴实的农村乡情让旅游者体验乐趣，因旅游参与而收获知识，满足旅游者寓教于乐的需要，能使游客积极参与，共融共乐，创造更多的经济效益。

三、建立有效利益分配和调控机制

乡村旅游良性持续发展的核心问题之一就是旅游利益主体间的利益平衡分配、协调控制。可持续旅游的主要利益相关者——旅游社区集体和居民、当地政府、旅游企业、旅游者之间的关系非常复杂，常态又处于动态，必须确保各利益之间分配均衡，方能充分调动各方面的积极性和参与热情，使乡村旅游资源发挥最大效益。而当地政府作为乡村旅游资源的最大权利人和乡村旅游总体利益的代言人、旅游资源产权归属人责任重大，它规划利益群体参与旅游开发，保证从制度入手，建立利益保障机制、利益表达机制、利益沟通机制、参与机制等，实现利益的公平、公正，合理规范所有利益相关者的利益需求。

四、注重经济利益、资源和生态环境、社会文化效益综合发展

乡村旅游的基础在农业，农业自身的生产经营、乡村文化建设、农村生态及资源环境的开发保护影响着乡村旅游的进一步发展。为了开发建设，单纯追求经济利益，乡村旅游独特的原生态资源一旦遭到破坏，很难治理恢复，所以要预防并渐进推进，不能一窝蜂，不能刻意模仿随意开发，开发必须兼顾资源与环境，把追求经济效益具体化为实际的旅游经营和管理。旅游资源目标开发的同时，对乡村旅游的考核要严格到位，对游客的接待容量不能超过环境的承载能力，以及乡村居民的承受能力。我们可以通过建立乡村保护区等形式，把濒临消亡的乡村自然景观和传统文化予以保护。另外，发展乡村旅游，文化是内涵，关键在服务。城市旅游者乡村游除物质观赏外，重在精神娱乐、精神收获。要树立这样的观念：服务本身就是一种文化，游客从旅游服务中更加认可和尊重当地旅游产品和村民，反过来，旅游地村民从自己提供的高质量的旅游服务中对自己地方风俗文化及服务感到自豪、自爱，自然行为极易升华为文化遵守的自觉。所以，品味乡村生活，只有旅游服务与乡村文化有机结合才能提升乡村旅游质量和品位，才能保持乡村旅游健康持续发展。乡村旅游地要把资源优势、生态优势转变为经济优势，以优美的生态环境、特有的文化产品吸引各类游客，创造出自己稳固的旅游形象，使乡村旅游最终发挥综合效益。

第五章　乡村旅游产品策划

第一节　乡村旅游产品的内涵

一、乡村旅游产品的概念

乡村旅游产品是指旅游者在乡村旅游的过程中，能够购买或体验的一切有形的商品和无形的精神感受。基于旅游目的地来理解乡村旅游产品，它使旅游经营者依靠设施、交通及旅游吸引物来满足旅游者全部需求的服务。基于旅游者来理解乡村旅游产品，它使旅游者实现了一定心理需求的经历，其间需要付出一部分费用、时间及精力。基于旅游供给者来分析乡村旅游产品，它是为了实现乡村社会经济发展，通过加工以后的旅游客体。基于乡村旅游产品参与者的行为来理解乡村旅游产品，它由品牌产品、辅助产品及配套产品组成。这种旅游产品体系的形成，不仅能够满足不同游客的需要，而且能使旅游地在市场中具有一定的竞争力。

二、乡村旅游产品的特征

乡村旅游是以乡村为背景展开的旅游活动，在发达国家比较常见的说法有："基于农场的旅游（farm-based tourism）""农场上的旅游（on-fam tourism）""派生于农业的旅游业（Agri-tourism）"或者"农场旅游业"（farm tourism）。可见乡村旅游产品其实是乡村旅游经营者依托乡村旅游资源提供给旅游者的一切有形与无形旅游产品的总和。有形产品包括吃、住、行、游、购、娱等实物形态产品，无形产品指乡村环境和乡村文化氛围、乡村服务等在内的非实物形态产品。乡村旅游产品是吸引旅游者的重要资源，也是乡村旅游开发的关键要素。

与传统意义上的旅游产品对比，乡村旅游产品具有以下不同的特征：

（一）乡村性

乡村旅游产品依托乡村资源，以乡村风光和乡村生活作为卖点，能够让那些长时间生活在城市里且被钢筋混凝土所包围，受到各种污染，尤其被工作压力困扰的城市人得到放松，满足其逃离城市、远离污染和感受田园风光和乡村民俗文化的心理诉求。因此，保持乡村旅游产品的乡村性，避免乡村旅游城市化，是乡村旅游产品开发必须坚持的一条原则。

（二）体验性

乡村旅游产品的核心是体验。人们到乡村去旅游，不管是吃、住、行还是游、购、娱，本质上都是直接参与到乡村的生活和文化中，体验与城市生活迥然不同的民俗风情。因此，住农家屋、吃农家饭、享农家乐，这是乡村旅游产品最吸引人的地方，乡村旅游产品开发切不可忽视参与性这一根本内涵。

（三）回忆性

现代城市人口的根在农村，虽然他们远离了乡村生活，但乡村记忆却是难以泯灭的。乡村旅游产品能够满足城市人怀旧的情绪，唤起人们对过去生活的回忆。为了不让后代过于脱离乡村甚至四体不勤、五谷不分，人们也乐意带孩子回到乡村，在感受美好大自然的同时也分享自己的乡村知识和乡村经历。

（四）季节性

这是由于乡村风光和乡村农事活动都具有较强的季节性，体现在旅游产品中，也必然因为四季的变迁而呈现出较大差别。这种差别既可能给单一乡村资源的景区带来客源的暴涨和暴跌，所谓“冰火两重天”，也能让资源丰富的乡村旅游景区一年四季风景迥异，春观花，夏收果，秋观叶，冬看雪，可以不断变换内容吸引源源不断的游客。

（五）差异性

我国地大物博，乡村旅游资源分布广泛，并且与自然环境、社会环境的关系十分密切。在不同的环境影响下，形成了各具特色的乡村旅游景观，而社会环境的差异性又形成不同的乡村民俗文化，如民族服饰、宗教、语言、节日庆典等。由于自然环境和社会环境的地域差异性，形成了乡村旅游产品具有明显差异性的特征。

除了上述的几点特征之外，乡村旅游产品还具有休闲性、自然性、知识性、参与性、消费平民性等特征。

三、乡村旅游产品的分类

乡村旅游可以分成不同的类型，乡村旅游产品同样可以细分为不同类型。这里根据当地乡村旅游资源特色和市场需求，区分为生态观光型乡村旅游产品、体验型乡村旅游产品、休闲度假型乡村旅游产品、养老型乡村旅游产品、乡村教育类旅游产品五大类。

（一）生态观光型乡村旅游产品

生态观光型乡村旅游产品是以优美朴实的乡村田园风光、特色花木资源、乡村特色民俗、产业化农业园等为主要旅游吸引物，把乡村生态环境与当地民俗风情结合起来，以满足游客观光需求的乡村旅游产品。生态观光型乡村旅游产品是乡村旅游中最初级也是当前最常见的旅游产品，随着乡村旅游的快速发展，这类旅游产品已经更多地融入了参与体验活动和休闲度假等内容，使生态观光型乡村旅游产品内涵更加丰富，也更加富有吸引力。

（二）体验型乡村旅游产品

体验型乡村旅游产品是指以体验乡村生活和农业生产过程为主要形式的旅游产品，游客可参与当地人的生活，与当地人同吃同住同劳动，并在参与过程中获得娱乐体验、教育体验、审美体验等感受。体验型乡村旅游产品的开发对于乡村自然资源和基础设施的要求并不高，关键在于是否有对旅游者产生吸引力的体验型项目，各地因地制宜，全方位开拓体验型项目，并尽可能错位发展，避免同一区域内体验型项目的大面积重复。

（三）休闲度假型乡村旅游产品

休闲度假型乡村旅游产品依托乡村文化和乡村生态环境而开发，可分为家庭度假、疗养度假、商务度假和学生夏令营等几类，以节假日最为火爆。休闲度假型乡村旅游产品具有客人停留时间长、对游览地食住行等产业带动性强，并有助于促进乡村民间艺术发展的优势，其综合效益较高。随着我国“带薪休假”制度的不断完善，休闲度假型乡村旅游将具有更加广阔的开发空间和消费市场。

（四）养老型乡村旅游产品

伴随着我国社会老龄化的加速，养老问题倍受社会关注。在传统养老机构已经不能完全满足需求的情况下，新型乡村养老旅游产品应运而生。农村生态环境优美、空气清新，相比于城市而言产品既要借助乡村适宜的气候条件和自然环境，为老年人提供亲近大自然、远离城市喧嚣的环境，又要具备必要的医疗条件，能够提供常规和应激医疗服务。

（五）乡村教育类旅游产品

乡村教育类旅游产品就是为旅游者提供一个轻松舒适的学习环境，让游客在没有任何压力的情况下，学习到农、牧、林业，水产业，自然生态和生产生活等方面的新知识。这种集娱乐、教育培训、农业考察、学习于一体的高品位乡村旅游产品对于青少年旅游市场有较大的吸引力。

第二节　乡村旅游项目策划

一、乡村旅游项目的特点

（一）旅游资源的丰富性

乡村旅游既有自然景观，又有人文景观；既有农业资源，又有文化资源。乡村旅游资源丰富多样。

（二）乡村旅游的地域性

乡村既有南北乡村之分，又有山地平原乡村之分，还有汉族和少数民族之分。乡村旅游具有明显的地域性。

（三）旅游时间的季节性

乡村农业生产活动有春、夏、秋、冬四季之分，夏、秋季节农业旅游火爆，冬、春季节旅游冷淡。乡村旅游具有很强的季节性。

（四）乡村旅游的可参与性

乡村旅游不仅仅是单一的观光旅游活动，而且还包括劳作、垂钓、划船、喂养、采摘、加工等参与性活动。乡村旅游具有很强的可参与性。

（五）旅游产品的文化性

我国农业生产源远流长，乡村劳作形式繁多，有刀耕火种、水车灌溉、鱼鹰捕鱼、采药采茶，还有乡村民风民俗、传统节日、民间文艺等。这些都充满了浓郁的乡土文化气息。

（六）人与自然的和谐性

乡村景观是人类长期以来适应和改造自然而创造的和谐的自然和文化景

观，既保持着原来的自然风貌，又有浓厚的乡土风情。乡村这种“古、始、真、土”的乡土特点，使乡村旅游具有贴近自然、返璞归真及人与自然和谐的特点。

（七）旅游经营的低风险性

由于乡村旅游是在原有农业生产条件和资源基础上，通过经营方式的调整，不破坏原有生产形态，而使其多功能化、生态化的过程，所以开发难度小，见效较快，风险较小。

二、乡村旅游项目策划的原则

在乡村旅游项目策划过程中要注意的首要问题是协调好开发与保护之间的关系。一般来说，其开发活动应坚持如下原则：

（一）保护优先原则

乡村旅游的开发必须以乡村旅游资源保护为前提，若没有保护优先原则，在经济利益的驱动下，难免会造成景观破坏及景观差别的缩小乃至消失。

（二）科学管理原则

科学管理是减少旅游开发活动对资源及环境影响的有效手段。根据不同区域的景观敏感性的不同进行分区管理，利用先进的技术手段对旅游活动带入乡村景区系统的物质和能量进行处理。在乡村旅游活的管理中，可采用制定环境保护及传统文化保护与建设规划、建立环境管理信息系统、开展旅游环境保护科学研究、强化法制观念、健全环保制度、加强游客及当地人的生态意识等对策来加大管理力度。

（三）生态经营原则

生态经营原则要求旅游开发及经营带给生态系统的额外的物质和能量尽可能少。乡村旅游开发不鼓励大兴土木，而是提倡因地制宜，质朴自然。

（四）法制监控原则

管理部门要严格管理和保护环境，根据地域特点，建立健全各项规章制度，然后根据“谁主管、谁负责”的原则分类、分层次、分范围，明确管理职责，配设专人进行监督，以此来加大法制监控力度。

三、我国乡村旅游项目策划要点

（一）产品的升级

产品是任何旅游分支行业发展的核心。国内现有的乡村旅游产品以民俗村（农家乐）、采摘园（观光农园）等为主体。从国际经验来看，这些并不是未来乡村旅游发展的主流趋势。未来的方向应该是休闲度假和康体娱乐。由此带来乡村旅游的产品升级转化，如第二住宅、分时农业、滑雪、会展、节事等产品会越来越成为乡村度假的主要吸引物。当然，民俗村（农家乐）、采摘园（观光农园）等形式作为接待的基础，将长期存在发展，如何提升服务质量和形象是下一步的关键。要引导乡村旅游与周边景区景点联动发展，既丰富游线内容，延长游客滞留时间，又形成产业集群规模效应。另外，结合乡村旅游发展的新局面，可适当引入新型农业产品或产销体系，例如超市农业（借助原有旅游商品销售体系，在市区和区县中心地，评选设立一批乡村旅游商品超市或柜台，集中销售有特色的当地乡村旅游商品）、阳台农业（开发能让游客直接带回家的盆栽果蔬）、立体农业、动物农业等。以经济、科技、交通、信息资源等相对优势取代土地等自然资源的原始粗放劣势。

（二）加强营销的细分和深化

要进一步地深入研究市场，通过游客的社会属性、偏好和行为等方面的特征对市场进行细分，针对细分市场进行专门的营销。特别要运用好网络营销工具，改变现在的落后局面，优化现有信息平台。在当今信息化时代，人们出行之前都依赖于互联网搜索信息，确定目的地和行程安排。而目前乡村旅游中，以自驾车等自助游方式出行的游客越来越多，自助游极大地依赖于网络信息，这就决定了必须有强大的信息平台来支撑这一需求。目前乡村旅游的网络服务供给与需求极不匹配。因此有必要在短期内，与信息部门加强合作，全面建设乡村旅游的网站体系，并形成信息网络，在展示乡村旅游的同时，适当加快信息更新速度、开展在线服务，并在大型的门户型网站逐步建立国际频道，例如英文、法文、日文、韩文等语言的版本。

（三）注重市场的分级与拓展

现有的乡村旅游市场以本地城市居民观光休闲为主，与国际先进水平还存有较大差距。未来的各乡村很有可能会形成不同层次并行发展的状况。高端乡村应该像国际知名的意大利西西里岛、撒丁岛，马来西亚沙巴树屋等一样发展国际乡村度假旅游。

目前我国的度假产品在国际上竞争力不强。国际上主流的度假产品主要是海滨度假、温泉度假、山地（冬季滑雪）度假以及乡村度假。海滨度假方面，我国竞争力不如夏威夷、加勒比海、巴厘岛、地中海地区；温泉比不过日本；山地滑雪度假比不过阿尔卑斯、北欧和加拿大。只有在乡村度假方面，我国有一定的优势。对于国内乡村旅游发展较好、国际知名度较高的地区，如成都、北京、上海、杭州、云贵等地，可提炼出一些优秀的乡村旅游品牌，建设、营销成为国际旅游产品，不仅服务本地城市居民，也不仅是观光旅游，更可以开发中远程的度假市场，吸引国际游客。这一目标看似遥远，其实在云南香格里拉已经出现悦榕仁安藏村度假村这样一个成功的案例。

（四）加强从业人员培训，提高从业人员整体素质

乡村旅游的投资经营主体是农民，要使乡村旅游健康发展，避免出现一些景区常见的村民为争夺客源而强行拉客、兜售等破坏景区秩序和旅游环境的现象，就必须加强对乡村旅游经营者、从业人员及村民的教育和培训。首先可以采取多种形式，对农民进行农业科技、职业道德、民俗文化、旅游接待经营管理等方面的培训，提供农民在乡村旅游中的技能和水平；其次还可通过举办专题讲座、外出考察学习等多种途径进行培训，提高从业人员的综合素质，为乡村旅游发展提供人才资源保障，促进乡村旅游向科学化经营、规范化服务方面发展。

（五）规范接待服务体系，提升服务水平

政府要逐步健全规范的乡村旅游接待服务体系，完善乡村旅游行业分类标准，从接待设施、接待条件、接待能力和卫生状况等方面规范农民家庭的接待服务标准，提升乡村旅游的服务接待水平，提高服务质量，促进旅游经营者“合法经营，诚信服务”观念的形成。

（六）保持乡村文化本色，注重优良民风的培育

乡村环境的独特性形成了城市居民对乡村旅游的巨大需求，乡村旅游开发应立足于自身的生态农业特色和文化特点，重点体现“真味”“原味”。保持农村原始风貌及当地传统社会风尚、淳朴厚道的自然秉性，才是成功的乡村旅游开发。不论是产品和服务，还是各种体验活动的设计；不论是村庄环境，还是农家乐居所，都必须强调乡村特有的情趣和格调，避免乡村旅发展中产品和服务的城市化趋向。

乡村淳朴的民风是乡村旅游的重要吸引力之一。然而旅游经营活动的开展，经济利益的凸显，都会给原有的朴实民风带来冲击，因此需要在关注村

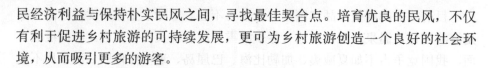

民经济利益与保持朴实民风之间，寻找最佳契合点。培育优良的民风，不仅有利于促进乡村旅游的可持续发展，更可为乡村旅游创造一个良好的社会环境，从而吸引更多的游客。

（七）打造旅游品牌，创新营销策略和发展模式

21 世纪是体验经济的时代，品牌则是体验的基础和灵魂。乡村旅游实施品牌战略可增强旅游者对乡村旅游产品和服务的认可度及感受强度。富有个性和内涵的乡村旅游品牌，能充分调动游客的感官，有效强化体验心理。打造乡村旅游品牌，也是解决乡村旅游产品和服务同质化趋向的较好方式。

第三节 乡村旅游产品开发策略

一、乡村旅游产品的资源要素及合理组合

乡村旅游产品的内涵是极其丰富的，外延是极其广泛的。许多自然和人文资源经过整合设计都可以成为富有乡土特色的旅游产品，这与乡村旅游资源的多样性是相一致的。

（一）乡村旅游产品的资源要素

乡村是与都市相对的一个空间概念，是指以农业为经济活动内容的聚落的总称，又称农村。在当代称之为非城市化地区，通常是指社会生产力发展到一定阶段上产生的，相对独立的，具有特定的经济、社会和自然景观特点的地区综合体。

乡村旅游是依托乡村的自然景观、田园风光、农业资源等要素开展的一切游憩、休闲、参与、娱乐、体验、科普活动。近年来，随着人们休憩时间的增加、生活水平的提高和思想观念的转变，乡村旅游越来越受到城市居民和游客的青睐。针对这一顾客群体的乡村旅游产品，除了必备的常规旅游要素（如知识、游客参与活动、娱乐性等）外，还须具备一些特定的旅游要素，比如乡村特定的地理生存环境、乡村特有的自然旅游景观、乡村特有的人文生活气息等。或者说，构成乡村旅游产品核心内容的应该是富有乡村地方特点的、原汁原味的农家（渔家、牧家）饮食、起居方式、生产模式、风俗习惯、自然风光等。这是设计与开发乡村旅游产品的前提条件，也是吸引城市旅游消费者的亮点。

在有关乡村旅游的论坛上，中国专家学者普遍认为我国的乡村旅游产品

设计应考虑三个方面的因素：一是以独具特色的乡村旅游民俗文化为灵魂，以提高乡村旅游品位的丰富性；二是以农民为经营主体，充分体现住农家屋、吃农家饭、干农家活、享农家乐的农家特色；三是乡村旅游的目标市场应主要定位为城市居民，以满足都市人享受田园风光、回归淳朴民风民俗的愿望。

（二）乡村旅游产品资源要素的合理组合

乡村旅游的吸引力在于能唤醒人们对农耕文明的记忆，其核心旅游资源在于乡村的自然人文风貌和生产、生活及生态环境。因此乡村旅游产品所要研究的就是在城乡互动结构下，乡村发展中如何对乡村资源和生产要素进行重新配置，进而形成推动新城镇、新农村建设的力量，打造田园化、花园式的都市，为乡居村民与乡村旅游接待提供更舒适便利的居住环境，为新农村的建设增添切合实际的动能。

1. 以农为本，合理布局

乡村旅游，尤其是都市周边的休闲农业、生态林业的发展以及乡村旅游目的地的打造，并不是单一独立的项目，而是布局有序的区域群体，是区域乡村旅游形象的塑造、区域整体竞争力的提升。因此，各地乡村旅游产品的打造，既要考虑农业旅游及休闲旅游的宏观趋势，又要前瞻城市发展趋势，对区域内乡土旅游资源进行通盘考虑、整合梳理相关的要素，形成乡村旅游产业集约化的发展，以乡村休闲连绵带、乡村度假区块为目标，构建乡村旅游的综合体、多元产品的复合体，从而形成区域整体的竞争力。以浙江省湖州市乡村旅游发展空间布局为例，在“十二五”规划中明确提出了构建“一带”（环太湖渔家风情乡村旅游带）、“两片”（西部自然生态乡村旅游片、东部水乡民俗乡村旅游片）、“十区”（打造“十大乡村旅游示范区”）的建设思路，充分体现了以农为本，合理布局，盘活区域内乡村旅游资源的要求。

2. “一区（县）一色”“一村一品”，乡村旅游产品差异化发展

“一区（县）一色”“一村一品”是近年来中国乡村旅游中“北京模式”的成功典范，值得借鉴和学习。自2007年以来，北京市10个郊区县围绕自身的资源特征，实施“一区（县）一色”“一村一品”差异化发展战略。目前，各区（县）依托自身优质资源，分别打造了一批本地所独有的“一区（县）一色”的品牌产品。比如门头沟开发了五大主题旅游系列产品，依托灵山、龙门涧、百花山、妙峰山等原生态山水景观和丰富的生态植物资源，开发休闲度假旅游产品；依托古村落，开发都市农业旅游；依托潭柘寺、戒台寺，开发宗教文化旅游产品等。再如通州形成了以乡野游憩、垂钓娱乐、民俗风情、古迹游览为主的生态观光型乡村旅游，以葡萄等特殊果蔬、花卉为主的

采摘观赏型乡村旅游，以吃住农家、娱乐农家、农事参与为主的体验型乡村旅游，以宠物犬、观赏鱼等观赏买卖为主的休闲型乡村旅游和以宋庄画家村为主的现代创意文化欣赏型乡村旅游五大类乡村旅游产品等。

“一村一品”中的“品”具有两层含义：其一是品种的意思。即根据各村自然生态条件、建筑风格、农产品的特色、风俗习惯等，打造旅游活动内容不同的旅游产品。其二是精品的意思。各村挖掘本地可引用的文化主题，赋予旅游目的地合适的文化脉络，围绕农业主题形成精品园区和精品村庄。比如从2008年起，北京市旅游局以现有民俗村为基础，选择旅游要素丰富、特点鲜明的30个特色乡村民俗旅游村进行了创意策划，形成了海淀区的“法兰西乡情，管家岭村”、丰台区的“地热温泉·南宫村”、门头沟区的“生态养生休闲·韭园村”、房山区的“穆桂英故里文化·穆家口村”、通州区的“宠物犬休闲文化·大邓村”、顺义区的“红色经典·焦庄户村”、昌平区的“边城文化·长峪城村”、大兴区的“采育人家，葡萄酒坊·东营二村”、平谷区的“边关山寨·玻璃台村”、怀柔区的“长城壁画·北沟村”、密云县的“体验古镇魅力、寻访边关文化·古北口村”、延庆县的“奶牛风情，魅力新村·大柏老村”等。

二、乡村旅游产品配套活动

乡村旅游“乐”在何处？是环境、餐饮、住宿、购物还是活动？应该说兼而有之。其中，乡村旅游产品中的配套活动是乡村旅游活动中的重要组成部分，尤其是乡村旅游产品中的配套活动应该成为乡村旅游活动过程中的重中之重。各地在乡村旅游活动内容的开发上，要因地制宜，不能千篇一律，应不断创新。应充分发挥各地自然资源和人文资源优势，积极倡导自助农庄、民俗民风、观光旅游、休闲养生等多种形式，合理安排各类活动，尽量延长游客逗留时间，使游客“乐”而忘返。

由于我国地大物博，各地地理位置、地形、气候、土壤、水文、矿藏、植物、动物等自然条件和社会经济条件存在很大差异，从而导致了人们的生产、生活活动类型多样，具有明显的地域性特征，特别是农业生产在这方面更为突出。因此，在乡村旅游产品配套活动的安排上也应体现地域特色。

太湖南岸的湖州，长期以来素有“鱼米之乡，丝绸之府”之称，由于湖州优越的地理位置、气候、土壤等各种条件，特别是太湖之滨的东部平原，一片水网平原地带，是种植水稻、养鱼、栽桑养蚕的好地方。这里勤劳的人民用他们的聪明智慧，在长期改造自然的过程中积累了丰富的养鱼、栽桑、养蚕的经验。湖州还是著名的“中国竹乡”。湖州西部安吉山区，是一个“山山岭岭毛竹林，绿竹一片似海洋”的竹子集中产区，竹林面积达130万亩。湖州又是中国茶叶文化的发源地。世界上第一部茶叶专著《茶经》，就是被誉为“茶祖”的唐朝陆羽隐居湖州时所著。根据湖州不同地区农事活动丰富多彩的特点，近年来，湖州各区县分别推出了不同类型的乡村旅游活动，生意红红火火，并已成为我国乡村旅游的典范。乡村旅游产品配套活动的安排大致上有以下不同类型：

（一）农事生产活动

农事生产活动对城市旅游消费者有一定的吸引力，在乡村旅游产品整合的过程中，可以整体推出，也可以分段推出。即根据农事生产活动的时间、季节不同，灵活安排适当的农事劳作体验活动。

1.“茶事”活动

凡是茶叶产区均可以安排游客参与与茶叶生产有关的农事活动。中国制茶历史悠久，自发现野生茶树，从生煮羹饮，到饼茶、散茶，从绿茶到各种茶类，从手工制茶到机械化制茶，其间经历了复杂的变革。各种茶类的品质特征形成，除了茶树品种和鲜叶原料的影响外，加工条件和技艺是重要的决定因素。游客通过采茶、制茶等一系列活动，从中可以学到很多知识，比如茶叶的分类、茶叶的品质、茶叶的历史、中国茶艺和茶文化的发展，等等。同时，旅游者还可以将自己制作的茶叶作为旅游纪念品带回家，慢慢品尝，慢慢回味。

2.“养蚕”活动

中国服饰发展历史久远、形式多样、千姿百态。而在这个多彩的“衣冠王国”中，最能让人陶醉、最能体现中华民族文化卓越内涵、最能代表中华民族服饰文化的，当推丝绸服饰。丝绸服饰具有美的特性。首先，丝绸服饰能体现女性的曲线美。其次，丝绸服饰华贵飘逸，能使穿着者倍添风韵，显得潇洒轻盈。少女穿后轻盈活泼、楚楚动人，妇女穿后更显雍容华贵、典丽非凡，男士穿后则显得俊逸雅儒。然而，丝绸服饰的原料是怎么来的？很多城里人并不知晓，尤其是长期生活在城里的青少年朋友。为此，从事蚕桑生产活动的农家乐在养蚕季节里可以辟出一定的与“养蚕”活动有关的场所，并收集与养蚕生产活动相关的图片、资料、丝绸服饰展示等，以供游客参观和参与“养蚕”活动。

游客通过参观、询问和参与“养蚕”活动就能了解和掌握许多知识。比如：蚕的生长发育过程。蚕的一生经过四个生长发育阶段：蚕卵、蚕、蚕蛹、蚕蛾。蚕蛾是成虫，蚕是蚕蛾的幼虫，蚕蛹是从幼虫到成虫的变化阶段。简单说，蚕的一生经过卵、幼虫、蛹、成虫四个阶段。蚕能吐丝，用蚕丝可以织成漂亮的丝绸，这是我国最早发现的。早在4700多年前，我国古代劳动人民就会利用桑树上天然的蚕吐出的丝，织绸做衣。大约在3000年前，我国人民又发明了人工养蚕，使养蚕、织绸有了很大发展。当时世界上其他国家还不知道养蚕，也不会织绸。后来，随着商业的发展，各国间的交流多了，一些商人把我国的丝绸传到了阿拉伯、欧洲等地。外国人特别喜欢，也特别惊讶，他们不知道怎么会有这么美丽的做衣服的原料。大约1500年前，我国养蚕的技术传到了欧洲。以后，世界各国才逐渐学会了种桑、养蚕、织绸。现在，我国的丝绸仍是世界人民非常喜爱、在国际市场上畅销的纺织品。因此，江南地区的农家乐适当开展一些“养蚕”生产活动，不仅能够提高中老年旅游者的乐趣，而且还可以向青少年朋友进行爱国主义教育。所以，“养蚕”活动是一举多得的好活动。

3.“摘果”活动

乡野田间摘果是乡村旅游的一大特色。游客在领略乡村景观风情的同时，远离都市的喧嚣，到乡野田间采摘桃子、柑橘、杨梅、葡萄等水果；去山里林间收获板栗、白果、山核桃等干果；让游客近距离接触大自然，到农家分享农家丰收的喜悦。但由于受各地地理环境、气候条件、土壤等多种因素的影响，摘果活动具有明显的地域性和季节性。

乡村旅游经营者还可根据自身的资源情况及旅游者的年龄、职业、爱好等因素，推出一些果树、菜地、林地、牧地等供城市旅游者认养，使旅游者亲身体验农事活动的整个过程，亲身体验农家生活。

4.“钓鱼”与“捕鱼”活动

在“钓鱼”与“捕鱼”生产活动中，垂钓是人类精神生活的高级延伸。钓鱼作为文化行为渗透到物质生活中，最晚在商、周之时，史载姜太公钓鱼遇文王可作佐证，更早的有龙伯国人钓鳌、詹何钓千岁鲤等神话传说，而后庄周、严光、韩信、张志和、陆游、查慎行等钓鱼名人都已志不在鱼，而各有所期，加之垂钓具怡情、健身的功能，致使历代钓者广泛，帝王将相、才子佳人、僧尼道士、布衣百姓，皆有所好，溪旁荷间，艇上矶头，深涧幽潭，烟波洞天，寄托着世代豪杰的夙愿，人们追求精神意念的升华，必然导致垂钓文学的出现。

江南是著名的水乡，河流、湖泊、水塘密布，是钓鱼爱好者首选的旅游目的地。历史上有不少文人墨客喜欢选择江南作为休闲、隐居的理想场所。比如唐代隐逸诗人张志和（约730—810年）曾归隐于湖州西塞山，朝夕泛舟徜徉于景色清丽的西苕溪一带，迷恋于湖州的青山绿水，过着早出晚归、风雨垂钓的田园生活，从而留下了脍炙人口的《渔父》诗五首，其中至少有两首描写了湖州山水风光，而最负盛名的是“西塞山前白鹭飞，桃花流水鳜鱼肥。青箬笠，绿蓑衣，斜风细雨不须归”。诗人以其真实的感受，将西塞山的迷人景色描绘得淋漓尽致，使西塞山自然山水的诗情画意得到了人化和升华，以致成为千古绝唱。

作为现代人休闲、娱乐、健身、养性的主要形式之一的“钓鱼”活动也已越来越受到老年人的喜爱。所以，具备垂钓条件的乡村旅游景点应安排一定的时间让游客参与这一有意义的活动。但在具体安排活动时应注意以下几个问题：

其一是环境适宜。要选择地势比较平整，适宜坐稳观看、空气清新、温度适中、出入方便、安全可靠的地方作为垂钓场所。

其二是渔具选用。应购置一些手感较轻、竿架易于插立、浮漂醒目、以便识别鱼的动态钓竿备用。

其三是备足相关用具。如板凳或座椅、遮阳伞具、饮用水、食物、必备药品等。

其四是合理安排垂钓时间与次数。尤其是老年垂钓者，应叮嘱其不可流连忘返，不可过于疲劳。

其五是建立安全措施。当垂钓者较多时，应不断派员巡视，保证游客人身安全。

乡村旅游垂钓活动应与专业钓鱼活动相区别，主要以休闲养心，锻炼身体和陶怡情操为主。而在沿海地区的渔家乐则可以适当安排一些拉网“捕鱼”活动，捕获的鱼虾由游客自主安排。

此外，乡村旅游经营者还可以根据自身条件适量安排一些其他的农事活动，比如种菜、挖笋、采菱、纺织等，以增加游客的体验乐趣。

（二）民俗活动

民俗是指流行于民众社会生活各方面中的那些没有明文约定的（不成文的）、程式化的、民众群体的规矩，民间一代代传下来的传统风俗习惯，民间称为“老黄历”“老规矩”，也包括生活民俗、岁时民俗、家族民俗、信仰禁忌民俗等。

1. 礼仪活动

一切民俗活动，无论是衣食住行、社交礼仪、娱乐游艺、婚丧嫁娶还是民间信仰，无一不是人的活动、人的情感与客体对象的交流与融合。它充分记录了人情生活中的每一个细节，真实地传达了人们交往的情感体验，包含了人们的期望和情感的交流。民俗的存在，为人际交往构造了一座桥梁，使人们感受到人情的熏陶。在众多的人生礼仪活动中，祝寿的礼俗和婚嫁习俗应成为农家乐旅游的重要组成部分。因为人在一生中有几个重要阶段是难以忘怀的，如诞生、成年、结婚等。所以，乡村旅游经营者按当地风俗主动为客人举行“做寿”活动及演绎婚嫁习俗活动是很有意义的。首先使旅游者了解当地的风土人情并亲身体验当地人民的生活；其次是增进了游客与主人之间的友谊；最后从市场营销的角度来讲，是吸引“回头客”的好策略。

2. 岁时节日活动

岁时节日民俗是指在一年之中的某个相对阶段或者特定的日子，它在人们的生活中形成了具有纪念意义或民俗意义的社会性活动，并由此所传承下来的各种民俗事象。一般有周期性，有特定的主题，有群众的广泛参与。

我国主要的岁时节日有：春节、元宵、清明、立夏、端午、七夕、中秋、重阳、冬至、除夕等。在这些岁时节日里，民间都举办形式多样的庆祝祭祀活动，闪烁着古老的华夏民族礼仪之邦的文化传统。但活动内容各地有所不同，为此，乡村应根据各地的不同特点，充分利用岁时节日民俗文化活动，以吸引国内外旅游者的兴趣。其中可以组织游客积极参与的岁时节日活动主要有春节、元宵、端午、重阳节等。

（三）娱乐活动

娱乐活动是旅游过程中的六大要素之一。我国的娱乐形式多种多样，内容丰富，流行广泛，并具有强烈的乡土色彩。娱乐主要是指流行于民间的各种游艺和竞技活动。一般来说，娱乐活动具有一定的季节性、竞技性、节日性和文化性。即不同的季节有不同的娱乐活动，不同的节日有不同的娱乐活动，且含有一定的竞技特点和文化内涵。比如“正月里来踢毽子，二月里来放鹞子，三月里来淘米包粽子”“元宵舞龙观灯，端午龙舟竞渡；秋天斗蟋蟀，重阳爬山登高比赛”等。所以，乡村旅游经营者应认真研究我国的娱乐民俗文化，从中汲取营养，并加以充分利用。要尽量选取一些具有文化性、娱乐性和可操作性的娱乐项目，合理安排好游客的娱乐活动。

1. 组织观看和参与具有地方文化色彩的娱乐活动

这类娱乐活动集表演性、观赏性、游客参与性于一体，故应成为乡村旅游娱乐活动的主要内容之一。比如二人转、踩高跷、腰鼓、花灯、舞龙、少数民族的舞蹈等。

2. 定期组织一些民间竞技活动

民间竞技活动具有较强的刺激性，也能吸引旅游者积极参与。比如斗蟋蟀、斗牛、斗鸡、斗羊、斗鸭、射箭、攀爬、拔河等。

3. 搞好民间游戏和杂耍活动

民间游戏和杂耍种类繁多，生动有趣，客人参与性很强，所有必须组织好这类活动。若按活动性质的不同大体上可以分为以下几种类型：

游客活动类型：比如烧烤、篝火晚会、击鼓传花、打牌、麻将等。

智力型：比如猜谜、填字、小魔术等。

观赏型：比如看社戏、皮影戏、小魔术等。

第四节 乡村旅游商品开发设计

乡村旅游购物是乡村旅游活动中的一个重要环节。开发和销售有创意、有特色、有质量保障的乡村旅游商品对于提高游客对乡村的多方位了解和增加乡村居民收入以及带动地方经济发展具有重要意义，必须引起乡村旅游经营组织和乡村旅游主管部门的重视。

一、乡村旅游商品的概念和种类

乡村旅游商品是指伴随乡村旅游而产生的供消费者购买的具有乡村特色的旅游商品。其种类多种多样，可按照不同的标准分类。

（一）按商品功能分类

1. 特色农产品

特色农产品具有地方特色、生态绿色，易于存储与携带、包装精巧，如北京怀柔板栗、门头沟薄皮核桃、大兴西瓜。

2. 民间工艺品

民间工艺品富有地方特色，赋予创新的设计理念，是传统文化、民间工艺与现代审美的有机结合，如北京顺义的中国结、门头沟麦秸画、大兴黑陶工艺。

3. 农村生产生活用品

农村生产生活用品是现代都市人所接受、喜爱和使用的源于农村的生产、生活用品，如北京朝阳高碑店的仿古家具。

（二）按商品价值及价格分类

1. 高端乡村旅游商品

单件 100 元以上。

2. 一般乡村旅游商品

单件商品 60 元左右。

3. 低端乡村旅游商品

单件商品 30 元以下。

（三）按目标市场分类

1. 主要适合国内旅游者需求的乡村旅游商品

适合国内旅游者需求的乡村旅游商品主要为中低档商品、特色农产品。

2. 主要适合外国旅游者需求的乡村旅游商品

适合外国旅游者需求的乡村旅游商品主要为中高档商品，以具有地方特色、乡村特色、富有纪念意义及观赏性的工艺品及农村生产生活用品为主。

（四）按消费人群分类

1. 主要适合大中城市常住人群需求的乡村旅游商品

适合大中城市常住人群需求的乡村旅游商品主要为特色农产品、农村生产生活用品。

2. 主要适合大中城市非常住人群需求的乡村旅游商品

适合大中城市非常住人群需求的乡村旅游商品以民间工艺品为主。

（五）按商品主题分类

1. 乡村景区（景点）主题类商品

例如，北京市延庆县以长城为主题的各色纪念品，平谷区以桃为主题的各色纪念品。

2. 乡村民俗生产生活主题类商品

例如，北京市大兴区以西瓜为主题的各色商品以及以乡村民俗生产生活为题材的各色工艺品。

3. 民间传说、传统故事等主题类商品

例如，北京市顺义区的八仙过海工艺葫芦、骨雕刻笑佛。

（六）按市场开发程度分类

1. 已开发的乡村旅游商品

已开发的乡村旅游商品是指已经进入市场销售的乡村旅游商品。

2. 待开发的乡村旅游商品

待开发的乡村旅游商品是指具有开发技术、资源等条件的富有市场前景的尚未开发的乡村旅游潜力商品。

二、乡村旅游商品开发的原则

（一）以市场为导向

以市场为导向，根据游客的消费偏好开发新型的旅游商品才能满足游客的各种需求，从而为游客提供愉快而且印象深刻的旅游经历。目前游客市场偏好变化比较大，呈现多元化特征，旅游商品的开发要随时更新，为多种类多层次游客服务。

（二）有组织研发

一般而言，乡村旅游经营组织规模较小，力量单薄，很难独立开发乡村旅游商品。因此，新的乡村旅游商品的研发和推广往往需要由行业组织或政府机构牵头协调，联合开发，共同营销；适当采取优惠政策，专业化服务，有效提高乡村旅游商品的研发水平和效率。

（三）注重商品质量与服务

商品质量是企业信誉的基础与保证。目前，乡村旅游商品质量差成了普遍存在的问题，且几乎没有售后服务。因此，应该成立乡村旅游商品质量监督部门，专门监督乡村旅游商品质量，受理有关消费者购买乡村旅游商品的投诉，捍卫消费者权利，营造乡村旅游商品长久、健康发展的良好环境。

（四）树立商标和品牌意识

乡村旅游商品应有注册商标，并制定防伪标识。同时，应培育消费者对该品牌的认可度、信任度，这同时也是企业宣传与树立品牌的过程。品牌应包括商品的品牌名称、品牌标志和商标。从形式上看，品牌应具有独特性、简洁性、便利性，使人易认、易读、易记。

第六章 基于产业融合的乡村旅游发展思路

第一节 产业政策整合，保障乡村旅游产业融合发展

政府应加大对旅游业的政策扶持力度，通过政策进行资源配置引导，制定出适合本地旅游业发展的优惠政策，主要包括以下几个方面。

一、产业开放政策

引进和借鉴国内外管理方法与经验，提高服务能力和管理水平，改革管理体制和经营组织可探索多种途径。引进专业管理公司，所有权与经营权分开，特许经营制度，政企分开等。

二、产业优先政策

在区域整体发展背景下，选择优先发展区和重点旅游区，进行优先开发，建立并完善旅游产业优先发展保障制度。基于可持续发展的战略目标，建立生态旅游示范区、旅游扶贫试验区和旅游度假区，享受同类开发区政策。

三、财政倾斜政策

增加财政投入，主要用于旅游形象宣传、宏观管理、规划开发、奖励促进、加强旅游基础设施建设等。

四、招商引资政策

制定旅游开发招商引资优惠政策，创造最佳的投资环境，鼓励企业、乡镇、个人参与投资，给予税收、土地等方面的优惠政策。

五、奖励促进政策

对在乡村旅游品牌创建中，取得不同级别的荣誉称号的，进行奖励；对

在组团、促销等方面作出突出贡献的旅行社和企业予以奖励。

六、其他相关政策

制定优惠政策，积极引进不同层次的旅游专业管理人才；开展专业研究、信息咨询、人员培训等方面的交流合作，学习其他地区的先进技术和经验，为旅游业发展提供保障。

第二节　产品集成，调整乡村旅游产品供给

一、旅游体系内部融合：将乡村旅游融入城市休闲体系

长期以来，城市旅游与乡村旅游从概念界定、市场开发、产品挖掘等方面，一直是不关联的两个概念。如何把城市旅游资源和乡村旅游资源整合起来，形成区域旅游市场的连接，是当下发挥旅游业区域联动的一个重要问题，具有很强的现实意义。我国城乡经济二元化的突破也需要一个带动性强的切入点，而旅游产业的边界模糊性、旅游市场的一体性对于统筹城乡经济发展具有不可替代的重要作用。要消除这种城乡旅游开发的阻隔，必须努力构建连接城市与乡村的旅游产业链条。

二、利用融合推动乡村全域旅游创意产品开发

要树立乡村全域旅游的开发理念，将整个乡村作为旅游吸引物，促进城市和乡村旅游发展的一体化，对资源和要素进行整合，努力挖掘资源的传播点，挖掘与旅游呈现的立足点。突出旅游产业主导性，不是简单地做加法，而是需要融合发展，社会资源和生产要素的优化配置紧密围绕旅游业展开，发展成为一个布局合理、形象突出、要素完备、魅力十足的旅游目的地。

三、推进乡村旅游产品开发的集群化

在乡村，单个景区的吸引资源往往比较单一，吸引留住游客能力有限，要用产品组合的观念打造旅游产品的集体概念，突破靠单一景区来发展的既有模式，因此，可以通过合理设计，将一定区域内景区由点状分布形成网式结构，如成都市三圣乡的五朵金花，就是一个典型的乡村旅游集群化发展的经典个案。通过这种设计，既可以提升旅游区域的产品开发、品牌传播，又可以提升游客的满意度。

首先，政府的力量应该充分体现，加强基础建设，加强景区间的交通建设，提高各景区间的交通便利性，降低游客的时间成本和交通成本；其次，在各景区间，建立一个共同的管理平台，加强联系，同时不断创新各自特色，形成“一村一品”，降低旅游产品的同质化；再次，通过联合营销的方式推广一个主题，形成大乡村旅游的概念；最后，针对不同诉求的群体，合理设计旅游路线，真正体现当地乡村旅游的特色，着力于提高游客的停留时间，进一步开发增加游客体验的空间与感觉。

依据乡村旅游所涉及的不同环节，也可以从田园风光、民俗文化展示、乡村旅游服务企业以及乡村旅游支撑机构几个方面来界定乡村旅游产业集群。

第三节 路径通融，创新乡村旅游产业融合方式

乡村旅游具有旅游行业的一般特征，可以提供比较灵活的就业方式，对劳动力的素质要求不高，产业关联性强。旅游者的要求也在不断发生变化，越来越关注旅游产品多样性、日益关注旅游活动的代入程度带来的体验，这就给乡村旅游的发展提出了要求，如何在把握乡村旅游本质属性的基础上进行提质升级。结合滕州当地的产业发展实际情况，就如何依托本土优势资源，进行产业链的延伸以及农业与旅游业结合、工业与旅游业结合、文化创意产业发展等，提出如下思路。

一、依托农副产品，实现产品整体概念的挖掘

建设好特色旅游商品生产基地，是带动开放、挖掘潜力、培育核心竞争力的重要途径，是促进就业、建设新农村、构建和谐社会的重大举措，是加快追赶型、跨越式发展的必然要求，是提升对外形象、树立旅游品牌、促进滕州经济又好又快发展的迫切需要。

二、依托特色农产品基地，实现农业 + 旅游的融合

以市场为导向，以结构调整为主线，努力培植资源有优势、产品有特色、生产有规模、销售有市场的主导产业和主导产品。同时按照“区域化布局，规模化发展，产业化经营”的思路，可建成粮油基地、有机蔬菜生产基地、特色果林种植基地、花卉生产基地以及现代农业基地，培植有机蔬菜、富硒粮食、经济果林、畜牧养殖、特色花卉等特色主导产业。

在此基础上，借鉴农业科技园区，以“基地风光游”为依托、以“农事体验游”为轴心、以“特色旅游消费”为提升，通过整合旅游资源、打造旅

游产品组合、改善并且增加旅游供给，把乡村旅游产业的重要试点进一步做大做强，促进经济结构调整和经济社会发展，解决“三农”问题和就业再就业问题，培育工农业经济新的增长点。

三、依托现有土地民居，实现养老 + 地产 + 旅游的融合

近十几年以来，国民经济发展势头良好，工业化、城市化进程提速不少，为广大农民离开乡村转换工作提供了可能。促使农村劳动力离开第一产业，向第二、三产业转移，其经济收入结构发生了很大的变化。这些农民的重要经济来源偏重于工资性、资本性收入，由此带来的比较效益明显，使得农民不再单一的依赖土地，转出土地的意向越来越强。

在这种形势下，实施完善的土地流转政策，大力发展规模化农业、生产要素集约化、农业生过程标准化以及引进现代产业化经营，建立健全农村土地流转机制，发挥政府和市场各自的作用，尊重农民的意愿，促进农业增效、农民收入增加以及促进农村经济健康稳步发展。发展乡村旅游能够，创造就业岗位合理安置农村富余劳动力，使其离土不离乡，还能够有一份收入，拓宽了农民增收渠道。同时，应积极发展特色旅游地产，以休闲度假为目的，以旅游项目为依托，以优美的景观和良好的配套为支撑的地产项目，尤其是针对当下的老龄化以及养老问题，可以有选择地打造城市老人的第二居所。发展老年的休闲度假旅游市场。

第四节　管理模式创新，优化乡村旅游产业链

乡村旅游特色化、品牌化、规范化和规模化是乡村旅游最终走上产业化的必由之路。其间，乡村旅游的组织管理模式应关注以下内容。

一、组建成大的旅游企业集团，提高组织化程度，全要素发展

旅游服务涉及面广、产业链长，因此其分工不宜过细过窄，适宜培育多要素乃至全要素企业。为了保证乡村旅游的高层次发展，提高组织化程度非常关键。

二、统筹安排、科学规划，实现优势互补

经营主要还是针对地方政府，尤其是政府主导型的乡村旅游开发，主要包括：制定规划，制定支持发展乡村旅游地方政策，建立乡村旅游地方标准，多方筹措资金，不同乡村进行“一村一品”开发建设，公共基础设施的建设

维护，乡村旅游业从业人员培训，乡村旅游产品的供给等，以及城乡之间的联动，都离不开政府的统筹安排、科学规划。

三、建立利益连接机制，培养联动发展模式

乡村旅游产业化若想健康发展，关键和核心在于建立利益连接机制以及联动发展模式。以旅游业为龙头的价值链的形成与完善，需要通过发挥乡村旅游的乘数效应，大力发挥旅游产业的拉动功能，促进关联产业的发展。联动发展模式的建立主要围绕不同的产业，形成广义上的产业价值链，如旅—农—工—贸，从而促进农村产业结构调整。围绕乡村旅游，就旅游构成要素而言可以包括以下行业与实体：吃、住、行、游、购、娱可以分别延伸到美食、餐饮、宾馆、民宿、农业、产品深加工、运输、房地产、体育业、创意文化等等。因此，围绕乡村旅游结合不同产业开展不同的活动，进而会带动生产要素市场，如信息、资金、技术等的发展。长远看来，通过利益联动，对农业产业化的进程定能起到加速作用。

四、乡村旅游业态和模式创新

在乡村和乡村旅游的发展中，市场经济的规律和要求始终是基本原则，现实发展中，客观存在着部门、区域、相关者的各自利益和诉求，因此需要突破局限，站在大区域、大市场、大旅游的高度，实行政府主导、企业经营的创新战略，全面推进乡村旅游的发展。目前，乡村旅游产品形式普遍比较单一，很多地方乡村旅游缺乏特色和个性，为了改变这种现状，需要对乡村旅游发展业态与模式进行丰富和创新，在满足不断发展变化的旅游需求的同时，推进普通农户通过业态和模式的改变，扩大规模、形成规模效益，提高品质、打造精品，形成品牌、树立差异性。

发展乡村旅游经济的道路上，发展路径很多，如依托传统村落建设旅游村镇、与生态农业结合营造生态农业新村、在政策扶持下开发旅游扶贫区、以高科技农业为主题打造观光园等，建设依托知名景区、民族民俗文化村落、历史文化村落、农业产业集聚区发展等不同类型的乡村旅游集聚区或综合体；在乡村旅游业态上，要因地制宜，构建多元业态；在乡村旅游模式上，在依据共性的理论基础上，凸显个性的原则，围绕当地独具特色的资源和主要的目标市场需求，不断探索，发展乡村旅游的模式。

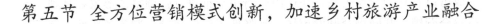

第五节　全方位营销模式创新，加速乡村旅游产业融合

一、品牌营销策略

目前在市场营销实践与理论体系中，品牌战略居于主导地位，品牌之所以如此重要是因为品牌的作用：首先，通过品牌建设和传播，可以突出旅游产品或服务的特色，与竞争者相比有良好的传播点；其次，品牌传播对于旅游形象的树立具有不可替代的作用；再次，通过品牌传播，可以加深消费者的认知，进而提高旅游者的购买率和重购率；最后，通过品牌构建与传播，形成企业的品牌资产，是体现旅游企业的综合竞争力的重要组成成分等。

对于乡村旅游目的地来说，区别于一般的实体产品和服务。首先，一个优秀的乡村旅游目的地的需要依托丰富的旅游资源；其次，乡村旅游知名品牌的打造，同样离不开优质的服务。因此，在乡村旅游品牌建设与传播中，要有清晰的认知，如自身资源、市场需求偏好、竞争企业等。在市场选择上，要注意发展先后顺序。往往是由近及远，先易后难，先省内市场，再周边省份，后国际市场。通过选择不同的平台，不断地宣传促销，树立旅游形象，加大市场影响力，提升旅游品质，保证乡村旅游品牌的市场影响力。

很多地方的乡村旅游品牌，在品牌建设的过程中，缺乏自身独特文化价值的挖掘与包装，而且存在着跟风的现象。比如，在成都三圣乡五朵金花的品牌打响之后，很多地方在打造乡村旅游品牌的时候，往往会用类似于五朵金花的名称，如滕州市的乡村旅游品牌建设，也在做一个五朵金花的概念，从名称的命名，到具体的旅游目的地景点的构成，有很深的成都三圣乡的影子。

二、整合营销传播策略

源于美国的整合营销传播理论被广泛流传应用，在开拓发展市场、提升旅游品牌形象、促进规模发展、提升消费者购买意愿等方面具有重要的作用。

（一）同一地理空间内的不同乡村旅游产品之间的整合营销

在同一区域范围内，乡村旅游产品之间要形成一种良好的竞争与合作的关系。目前，很多乡村旅游产品存在着严重同质的现象，尤其是像以农家乐为代表的最初的乡村旅游产品开发，在相对集中的地理范围内，难免会发生恶性竞争。从长远的发展来看，无论对游客还是对业主，都存在很大的风险。

因此，在开发乡村旅游的时候，主张“一村一品”，在同一区域范围内，形成可以互补的合作关系，往往以政府主导推进，强调整体形象和品牌，实行整合营销，共同培育开发市场。既降低了经营风险，避免了恶性竞争，同时，还会增强对游客的吸引力。

（二）不同区域间的联合营销

乡村旅游产品的行政区划以县市区一级为主，乃至于乡镇一级，其拥有的资源有限、资金不足，传播的影响也极其有限。因此，营销还应考虑主动纳入市、地区等更大区域的联合营销中去，尤其是考虑与主要景区进行联合，形成联动模式，也可以考虑寻找成熟的旅游市场进行依托，进行游客引导开发乡村旅游市场。

以泰安市岱岳区和泰山区的乡村旅游景点为例，因为这两个区具有明显的地理空间优势，环泰山分布，泰山就是最好的可以捆绑的平台。而且在市场宣传的过程中，泰山的知名度和美誉度为这两个区的乡村旅游做了良好的背书。

除了依托知名景点以外，还要善于挖掘整体的历史空间感，就滕州市而言，环微山湖、大运河一线，就是非常好的历史空间的载体再现。

（三）不同的营销传播手段的综合运用

在市场营销传播的概念里面，传播的手段多种多样，其中比较经典的手段有这样几种：广告、人员推销、公共关系和营业推广。目前，越来越多的地方政府，开始关注旅游目的地形象广告的打造，在不同的营销传播手段里面，他们所起的作用、花费的成本以及影响的范围是有差别的，因此，在营销传播的过程中，要进行深入系统的分析，针对当地乡村旅游目的地的定位和目标市场，进行有针对性的营销传播手段的组合。

（四）不同传播媒介的综合运用

随着互联网、移动通信手段和网络技术的飞速发展，各种新型的信息获得方式越来越普及、便捷。这就给乡村旅游的传播提出要转变思路的要求。在关注传统优势媒介的同时，还要关注各种各样的新媒体信息传播。

1. 传统媒体

（1）借助目标客源地传统媒体

借助目标客源地报纸、杂志、电视、广播、户外广告等传统媒体宣传旅游区的旅游形象及旅游产品，不断扩大宣传推广范围和提高旅游区知名度。

（2）分发旅游宣传册等材料

积极参加旅游推介会和说明会以及各种旅游会展，向当地旅游业界和游客派发旅游宣传册、促销单张、旅游地图等各类宣传资料。

（3）与专业旅游杂志合作，形成营销软文

在专业策划的基础上，与国内重要旅游杂志合作，形成一定量的营销软文，营造正面舆论规模，不断传播新的乡村旅游形象。

2. 网络媒体

网络营销方式充分发挥新媒体的作用，应对不断变化的市场要求。新媒体在选择上主要分为三类：网络新媒体、移动新媒体和数字新媒体，重点实施微博、微信、微电影、微视频和微图等五微营销。

（1）网络新媒体

主要包括各大门户网站（如携程、艺龙、新浪、搜狐），电子邮件 / 即时通信 / 对话链、博客 / 播客、网络文学、网络动画、网络游戏、网络杂志、网络广播、网络电视等。重点关注微博及社交网络的“病毒式”传播的口碑宣传方式，对旅游区进行“病毒式”传播。

（2）手机新媒体

在选择上可以有智能手机应用程序软件、手机短信 / 彩信、手机报 / 出版物、手机电视 / 广播等。

（3）数字新媒体

数字新媒体广告投放包括数字电视、IPTV、移动电视、楼宇电视、城市多媒体终端等。在一级目标客源市场的火车站、飞机场、饭店大厅、大型购物中心、重要的景区景点和旅游咨询中心等地，开展旅游营销宣传。

3. 公共关系渠道

（1）公关营销

整合社会资源，分析贴近目标市场的各种社会活动、政府公关活动、有关的专业组织会议等进行品牌植入。

（2）名人营销

明确分析当地的文化资源、自然资源等，把握其特质，遴选聘请具有共性的名人进行相关的市场推广活动；或者根据实际情况安排名家名人参与活动，利用名人效应，进行旅游目的地的营销。

（3）会展营销

会议展览因其影响效果越来越被地方政府部门接受，尤其是高规格会议，会议效应往往可以形成旅游宣传的亮点；而且会议效应的融入性与持续性比较可取。除了主动举办会议以外，还要主动走出去，通过选择主要市场，精心准备参加国内外重要旅游交易会。

（4）文化营销

文化与旅游具有天生的渊源，可以走官方渠道如申报世界文化遗产或者非物质文化遗产等，文化营销难在历史文化的物化与实体转化。

4. 专项营销渠道

（1）旅行社营销

与国内重大旅行社进行合作推广精品线路，借助知名旅行社的渠道，分销旅游区的旅游产品；与目标客源市场的旅行社建立良好的合作关系，定期组织认知之旅，让其了解旅游区的特色，同时针对不同目标市场的旅行社提供不同的优惠套餐，以求最大力度地吸引当地游客。

（2）行业协会营销

建议乡村旅游点加入不同的行业协会，利用行业协会的渠道进行精准销售。

（3）旅游大篷车促销

面向大众市民，在城市中心区和人流密集的商业广场、商业街，采取旅游大篷车的方式开展宣传促销活动。

（4）社区促销

深入社区，拓展周末休闲市场，针对主要客源市场，组织旅游区营销小分队直接深入其中的大型社区，特别是高端住宅区和高端酒店区等，开展促销宣传活动。

三、有效区分市场，采用多维营销策略

在市场营销中，基于市场细分、市场定位和目标市场选择的目标市场营销战略，是非常有效的，在乡村旅游的市场发展中，该理论同样适用。很多研究从地理空间分布和有效辐射范围着眼来研究乡村旅游的市场发展，因此，在乡村旅游的市场发展过程中，有必要结合市场的细分和产业的生命周期，进行当下、中期和长期的市场开发布局。

四、节庆活动发展策略

近几十年来，大部分地方政府以“节庆”为由头，通过传统节庆或者人造节庆，用节庆活动气氛刺激消费者，开展一系列的营销活动。具有当地特色的节庆文化活动，有效地吸引目标市场的关注，在营销表现上逐渐成为亮点。

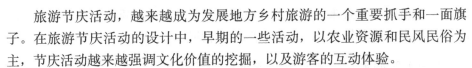

旅游节庆活动，越来越成为发展地方乡村旅游的一个重要抓手和一面旗子。在旅游节庆活动的设计中，早期的一些活动，以农业资源和民风民俗为主，节庆活动越来越强调文化价值的挖掘，以及游客的互动体验。

成熟的旅游节庆活动能够有效聚集人气、提高当地知名度、带来可观的经济收益。

节庆活动除了本身是一种独特的旅游资源，还是当地的品牌形象的外化，进行传播的发力点。因此，在设计节庆活动时，除注意凸显与本地旅游的结合以外，还要尽可能打造新民俗。同时，淡季错峰举办时效性较差的活动，可以有效激活淡季旅游市场。

第六节　保障乡村旅游社区利益，稳定乡村旅游融合发展

一、建立社区居民参与机制

（一）建立农民旅游合作社

由合作社对其境内的资源进行统一管理，对其拥有的果树、农田进行统一规划、综合开发，农民以自家的土地、果树和现金等多种方式加入合作社，设置灵活的股权，在不改变原土地承包关系的前提下实现土地的集约利用。

（二）全程参与景区规划与建设

客观上讲，旅游景区（点）真正的主人是社区居民，就旅游规划发展和如何实施旅游发展的决策他们应该有发言权。倘若旅游发展决策缺少社区居民参与，那么很难保证社区居民在旅游开发中受益。

（三）对社区进行旅游教育与培训

随着农村青壮年劳动力的流动，社区居民老人和妇女居多，旅游服务的意识比较淡薄，旅游知识与技能相对匮乏，若想让他们从旅游开发中受益，必须引导其参与到旅游开发中，因此，必须对他们进行培训，补充相关知识。

二、建立规范的利益分配机制

建立利益分配机制：一是兼顾效率、公平。旅游开发商、地方政府、社区居民进行利益分配时，需要按照生产要素的贡献，如资本、土地、技术、资源、管理、劳动等，开发各方的应有收益应该能够保证；二是体现公正、

人本。旅游开发所带来的社会成本应该在利益分配时被重视起来，资源耗减和环境损失应该充分考虑，并对之进行生态补偿。

（一）明确旅游资源产权，并进行资产评估

旅游资源产权界定是合理分配旅游开发利益的先决条件，必须客观公正地进行，资本和各种旅游资源作为基本要素，建立有偿使用制度。根据规定的评估体系，为显示旅游资源资产价值，则必须由专业的评估机构进行综合评估。

（二）形成补偿机制多元化

对资源与环境的影响是旅游开发不可避免的，作为影响的直接承担者，社区居民有权利获得一定的补偿，作为开发者、经营者等直接受益者有义务对此给予补偿。

政府作为主管部门，应该完善征地补偿制度。被征地以后，农民失去了主要的收入来源，因此，在旅游开发后，确保农村居民的基本生活水平是政府部门应该慎重考虑的。

环保部门应该对旅游开发进行全方位的监管，建立环境资源补偿机制。旅游承载力是一个旅游可持续发展的重要考核指标，一旦旅游规模超过，对旅游资源造成的破坏可能不可挽回，所以，对环境资源进行补偿非常有必要。

三、鼓励社区居民积极参与，转变为旅游从业者

（一）社区居民直接参与

针对景区建设和管理，鼓励全面参与。旅游区的部分建设项目，可以优先承包给社区居民；旅游区建成后的卫生清洁、绿化、民俗表演可以雇用当地社区居民来做。

从事旅游商品零售业。在旅游区内，各种零售摊位、超市商店、停车场以及部分简单游乐设施等，对社区居民个人，可以以相对优惠的价格招租，这样可以帮助社区居民从事经营活动，参与进来。

为旅游区提供物质，如新鲜蔬菜、肉食、水果等，开展旅游餐饮住宿接待。

（二）社区居民个人入股

为了强化旅游开发过程中，社区居民的合理收益，以及旅游与社区居民战略同盟关系，社区居民可以以多种形式入股参与旅游开发，获得股份

收益。

（三）建立集体性质的旅游公司

建立集体性质的旅游公司，社区居民入股，从事旅游产业相关的行业，如交通运输、餐饮、接待、商品销售等，也可承担景区的经营项目，实现规模经营、集约经营，发挥集体的力量。

四、提升社区产业结构层次

立足于自身产业结构现状与经济发展水平，以旅游产业为核心，积极发展配套产业，以旅带农，以农促旅，优化社区的产业结构，带动社区产业结构的升级。

首先，发展旅游产业的后向关联产业，优先发展高产高效农业，促进农业生产生态化、生态环境景观化，提高经济作物比重，实现农业内部结构优化。

其次，以农产品深加工产业为龙头，发展旅游商品加工业。对本地著名的、独特风味的土特产品进行加工、包装，及标准化生产，便于游客购买携带。

再次，充分发挥旅游区的依托地功能，积极拓展旅游前向关联产业，特别是与景区相配套的服务业，包括餐饮、住宿、导游服务以及交通运输等产业。

五、健全旅游保障机制

（一）理顺管理体制

转变政府职能，地方政府要发挥其管理监督职能以及协调、服务职能。建立社区管理机构。

（二）社区参与意识的着力培养

政府主管部门和社区通过专题宣传和教育培训，帮助社区居民提高对旅游发展的认识。从思想上接受相关理念，若想实现旅游可持续发展，那么社区参与旅游开发是必不可少的因素。因此，要引导、尊重、保证社区居民的参与行为。

（三）制定相关政策

地方政府要制定相关政策，并从财政上（如帮忙筹措经营资金、提供低息贷款）予以扶持，保证社区居民从旅游开发中获益。

六、完善旅游监督机制

由专家、政府官员、各方代表及公众共同组成，作为社会性执法和监督机构是专门的、独立的，监督、控制旅游开发整个过程以及各方行为，目的在于确保实现各方利益和环境的健康可持续，在监督和管理的同时，也可以作为沟通和反馈的平台以促进信息的沟通交流与反馈。

第七章　乡村休闲旅游与田园种植景观

第一节　田园种植景观概述

一、田园种植景观概述

（一）田园种植景观概念

田园指的是所有的农业用地，包括所有已经用来生产，准备用来生产，可以用来生产，提供能够满足人们营养需求、品尝需求和原料需求的产品的土地，可分为耕地、园地、林地、牧草地、水产品水域和宜农荒地。

田园种植景观是指在田园环境中植物种植形成的农业景观。田园种植景观利用与种植过程相关的土地资源、生产资源、各种植物资源、文化资源等，形成各具特色的植物种植景观，以提升农村消费市场与旅游市场，并最终实现农业增产、农民增收、农村繁荣。

（二）田园种植景观的植物选择

在田园种植景观的植物选择上，植物种类越是传统田园种植景观就越显朴野、充满农趣，植物种类越是倾向于现代观赏花卉，主题就越显时尚、浪漫与热情。在一些农田中，人们将油菜与荠菜等作物混作于田内，形成朴野清新的农田景观。春季开花时节，田内花朵黄白相间，热闹非凡，在考虑景观效果的同时，也保证了农田的生产效益。相似的有新疆维吾尔自治区玛纳斯县的向日葵花田，将油料作物向日葵作为主要观赏作物，在夏季提供良好的观花效果，秋季果期到来时，还可以进行采摘与加工制作，同样是兼顾了景观与生产的特色农业景观。

在田园种植景观中，植物的花、叶、果都是良好的观赏对象，特色植物的种植会在其观赏期内形成与众不同的植物景观，成为吸引大众前来游玩的亮点。花自古以来便受人喜爱，以花卉观赏为主的田园种植景观尤为吸睛，也带动了相关产业的发展。如荷兰库肯霍夫公园的郁金香、风信子、水仙花海，利用了这几类植物繁多的品种与各异的色彩，形成丰富绚丽的花卉景观；法国普罗旺斯的薰衣草花田等以体现花卉浪漫与壮阔之美为主的农业景观，大多具有较大面积的平整场地或较为平缓的地形，植物材料也多为喜光照的开花植物，少有遮阴的乔木，以形成震撼人心的壮观景色。田园种植景观也有观叶的，如北京密云八卦艺术农田等，采用叶色相异的水稻品种在农田中“作画”；观果的，如北京密云石城的玉米迷宫、英国克赖斯特彻奇玉米田迷宫等，利用高大的玉米植株作为绿墙，形成兼观赏与游戏互动功能于一体的特色农业景观。此外，植物材料的配植也并不是一成不变的单一品种。例如，美国卡尔斯巴德市的毛茛花田，植物材料选取了毛茛属的植物，包括单瓣与重瓣的多个品种，按照不同的色彩以条带的形式在土地上铺展开来，其观赏点不仅在于其特殊的植物选择，也在于其色彩与图案的布局；当地还提供了一系列服务，如花卉售卖及花卉产品加工、销售等，充分利用其特色农业资源，提升了当地农业景观的可持续性。

（三）田园种植景观的地形选择

在田园种植景观中，地形也可以成为其主要的特色之一。有些景观通过人工改造山体形成地形特色，如江西婺源的油菜花田、陕西汉中的油菜花田等，利用人工改造而成的梯田地形，营造出与广阔平地上的花田不同的特色景观。也有顺应原地形变化，仅进行轻微修饰的景观，如薰衣草森林景观，将各种不同高度、花色、叶色、花期的薰衣草以窄条带的形式，沿山体等高线方向层层种植。从远处观看，是色彩斑斓的彩色条带；漫步花田之中，看到的是无限延展的浪漫花溪。

此外，比例适中的设施小品也增加了景观的趣味性，使观赏方式更多样。

二、田园种植景观的特点

（一）生命性

生命性是指有生命物体的特征。田园种植景观中的农业作物以及各种树木、观赏植物等都是有生命的。例如，水稻、甘蔗、甘薯等作物和橡胶树、木麻黄、椰子树等树木。田园种植景观中的田园，乍一看来是没有生命的，但细细来看，却是有生命的。田园的田埂上的草被、四周环境的植被是有生命的，田园的耕层里的微生物也是有生命的、田园上存在和发展的农业植物更是有生命的，换句话说，田园的存在和发展必须以有生命的农业植物的存在和发展为条件。

（二）动态性

所谓动态性，是指农业植物及其赖以生存和发展的田园总是处于不断变化之中的。植物种植从播种起植株都是处于变化当中的，植物的萌芽，生长，果实从形成到成熟是一个过程。在这一过程中，细胞在分裂，物质在充实，体积在增大，重量在增加，形状在改变，颜色在变化。即使是收获了，也就是果实已经离开植株了，离开田园了，农产品也一直在变化着，细胞在变，物质在变，体积在变，形状在变，颜色在变，当然，最为明显的是颜色的变化。例如，荔枝果实的整个发育期一般 70—90 天，经过如下过程：雌花受精→雌花谢花→种胚形成→果肉出现→果肉包满种子→种子增大增重、种皮逐渐硬化→果实有机物质不断积累、转化，可溶性固形物含量迅速提高，含水量增加，果皮开始转红，龟裂渐平→果肉饱满成熟。可见田园种植景观中植物总是处于不断变化之中。

（三）生态性

田园种植景观的生态性主要体现在生物种植多样性、景观丰富性和各种要素的协调性。田园种植景观的生态美包括植物的群落美，植物与建筑的协调美，动物与植物的和谐美。在田园景观中聆听虫鸣鸟叫声、呼吸新鲜空气等都是感受田园种植景观生态美的一个重要的方面。

（四）地域性

地域性差异是田园种植景观具有吸引力的原因之一。田园种植的发展，一方面受到了地域的限制，如地形、植被、生物资源等；另一方面也可以充分利用地域性差异，打造丰富多彩、千差万别的旅游文化，利用旅游者对异域文化的探险、猎奇、求知心理，促成休闲旅游活动的实现。

种植业是我国农业生产中最重要的部分，主要粮食作物有水稻、小麦、玉米、大豆等，经济作物有棉花、花生、油菜、甘蔗和甜菜等。而不同的地区，所种植的农作物不同，所形成的田园种植景观也不一样，如平原地区的水田和山区梯田。而且不同的景观布局形式也会影响着田园景观展现形式。另外南方以种植水稻、油菜花等为主，北方以小麦、大麦和玉米为主；同时同一地区田园种植景观因不同的地理环境也会相差很大。

（五）审美性

所谓田园种植景观的审美性，指的是农业植物及其赖以生存和发展的田园具有能够引发人们审美情趣、愉悦人们审美心理、并满足人们审美需求的功能。作为农业审美产品的景观，应该是外观美观的、功能齐全的景观综合体。

作为种植业审美景观的植物，应该是健美的，即作物植株的根、茎、枝、叶、花、果协调、和谐，能给人以美感。例如，“吨糖田”栽培技术，也是目前甘蔗生产的先进技术，一亩甘蔗产糖1吨，约是一般甘蔗亩产的2倍。“吨糖田”甘蔗的叶倾角为30°，刚好是直角形锐角的弧度，或者可以说，是一个有美感的弧度。无疑，当整块或整片“吨糖田”甘蔗的叶倾角都统一为30°的时候，则可以说“吨糖田”甘蔗的这一植株形态是美上加美了；换句话，这就是植株健美，或者可以说，是植株健美在“吨糖田”甘蔗叶倾角上的表现。

作为种植业审美景观的田园，也应该是美化的，即不但能种植植物、养殖畜禽和水产品，而且通过田块、田埂、沟渠、林带、道路和机井、棚架、电网、房屋等生产设施，与作物、树木、畜禽及水产品一起，按照美学规律排列、组合，形成田园风光。在农业观光园中，到处都是奇树、奇花、奇果，一丛丛有秩序的作物既形成一个个景观，又悬挂一串串果实，既供人们欣赏，又供人们品尝。

作为种植业审美景观的产品，应该不仅是外观美观，而且要品质优良、营养丰富、口感适宜。多彩玉米就是这样的农产品。有红、有绿、有黄，五光十色，与传统的玉米相比，既营养丰富又给人以美的享受。

三、田园种植景观的发展

（一）蔬菜树式栽培

蔬菜树式栽培主要是追求单株营养体的大型化和培育美观“树形”，以延长瓜果作物生命周期和实现多结果，获得单株高产的景观栽培形式。蔬菜树式栽培设施主要包括栽培池、攀爬支架、水肥循环灌溉系统等。适合做树式栽培的蔬菜品种有：番茄、茄子、辣椒、黄瓜、冬瓜等具有无限生长特性的瓜果类蔬菜，也包含甘薯、马铃薯、藤蔓豆类等。蔬菜树较多运用气雾栽培模式进行栽培，植株具有发达的根系，生长量大，树冠面积大，生产周期长，产量非常高，在观光温室中具有较好的景观效果。

（二）果菜基质栽培

果菜基质栽培有单株箱式、盆钵式和多株袋式、槽式、垄式栽培等，是将复配好的基质采用这些容器装载后定植园艺作物，浇灌营养液进行栽培的模式。一般单株容器栽培比较适合于观光栽培，有利于作物的景观组合、换茬和调节株行距，其他栽培模式适合于观光采摘栽培。较常见的果菜基质栽培蔬菜主要品种有番茄、彩椒、观赏茄、乳瓜等色彩亮丽的果菜品种。

（三）气雾栽培

气雾栽培是让植物根系离开了土壤（基质）与水，把植物的根系完全置于气雾环境下进行生长发育的一种新型栽培模式，它通过雾化的水气满足植物根系对水肥的需求，并具有最充足的氧气与最自由伸展的空间，使根系在毫无阻力的情况下生长。气雾栽培比其他耕作方法生长更快、管理更方便、投工更小，将成为未来农业生产中的一种重要栽培方式。气雾栽培技术发展到目前主要包括苗床式、立桶式、金字塔式与管道式等几种系统方式。

（四）景观容器栽培

景观容器栽培是采用玻璃钢材料、水泥及其他材料，制作各种果蔬、花卉造型的景观工艺容器，如各种瓜果果实的巨型雕塑容器；各种竹木结构艺术容器；陶罐、瓷盆等都可作为景观容器栽培的设施，将配置好的基质或营养土灌注到容器中进行蔬菜、花卉的栽培，形成艺术型的栽培模式。景观容器栽培是一种较为简单的景观栽培模式，景观效果主要依靠艺术化的容器来体现，对蔬菜、花卉栽培的要求相对较低。

（五）造型支架栽培

瓜果蔬菜的造型支架栽培在田园种植景观中应用较多，大部分菜用、果用瓜果品种，各种观赏瓜果，各种蔓生花卉、蔓生叶菜（落葵、藤三七、蕹菜）、蔓生豆类等均应采用“上架”栽培。因此，不仅在栽培模式上可以灵活多变（不同的容器无土栽培），而且对植株的生长状态和支架的造型可以无限发挥艺术想象和进行“艺术加工”，采用自然的竹木资材，用传统竹木工艺来搭建不同造型的艺术“篱、廊、亭、架”，形成三维立体的艺术造型，将丰富多彩的瓜果蔬菜栽植其中，通过植株的攀爬及人工的导引、造型固定，使之形成立体的独立景观和打造出内涵丰富的瓜果蔬菜景观园。

第二节　田园种植景观在乡村休闲旅游中的应用

一、田园作物景观

田园作物景观，是指既可以获得经济收入，同时又在整个种植过程中形成具有观赏价值的景观。田园景观作物在叶色、花色等方面与普通大田作物有较大差异，通过与普通大田作物混植构图，或大面积种植不同颜色的花田，打造具有吸引眼球的视觉效果，吸引游客关注，带动旅游业发展。近些年，田园作物景观获得越来越多的重视，成为休闲种植景观中的新类型。

（一）彩色水稻

彩色水稻，是指叶子或谷穗呈现出普通绿色以外的其他颜色的水稻。彩色水稻的类型有观赏型的紫叶稻、金色稻、紫穗稻；用途型的盆景稻、直穗稻等。彩色水稻根据叶色变异分为红稻、紫稻、黄稻、条纹白变稻等；穗色变异分为紫穗稻、红穗稻、黄穗稻等；根据稻米颜色变异分为黑米稻、红米稻、黄米稻、绿米稻、紫米稻。与其他观赏植物相比，彩色水稻在种植技术、生长管理方面要求不高，能通过大田设计不同图案来供游人观赏，带来可观的旅游收入。例如辽宁省沈阳市沈北新区在优质水稻的主产区兴隆台村的150亩稻田上，用紫色和黄色两种彩色水稻插栽。由辽宁美术职业学院主笔，辽宁省地矿测绘院负责对图案进行分割定位，形成网格控制系统和坐标系统，栽培成锡伯骑射、华强恐龙、影星梦露和酷贝拉卡通女孩四幅稻田。采用黄色、紫色和绿色秧苗同步生长，实现稻田艺术的最佳效果。同时，彩色大米口感好、色香味俱佳，富含氨基酸、维生素和矿物质，营养价值高于普通大米，因此种植彩色水稻还能开发出各种珍贵的彩色大米产品。

（二）油菜花及彩色油菜花

油菜是我国重要的经济作物，同时在开花的时候是春季田野上一道绚丽的风景线，例如享誉盛名的婺源油菜花田，每年都吸引着成千上万的游客前往观光旅游，并为各地效仿。彩色油菜花，是指叶子、花茎或花朵呈现出与普通油菜不同的其他颜色的油菜。目前已知的油菜花色有金黄色、柠檬黄、橘红色、鲜黄色、乳黄色、乳白色、白色、微紫丝白花，以及黄白嵌合体等，叶色、茎色有红色、紫色等。

油菜花及彩色油菜花于春季开放，花期可持续2个月左右，盛花期15—20天。油菜花叶少枝繁，花茎柔软细长，花朵灿烂，渐次绽开，如亭亭玉立的少女迎风起舞，姿态优美，馨香扑鼻。油菜花单株看起来并无特点，但大面积栽培时朵朵成簇，簇簇成枝，千株并立，万花相扶，汇聚成蔚为壮观的花的海洋，令人叹为观止。人们或在油菜花丛中赏花拍照，或登高远眺各种交织的色块，饱览色彩丰富的壮美田园风光图画。

（三）向日葵种植景观

向日葵是菊科向日葵属的一年生草本植物。茎直立，圆形多棱角，质硬被白色粗硬毛。广卵形的叶片通常互生，有长柄。头状花序，直径 10—30 厘米，单生于茎顶或枝端。夏季开花，花序边缘生中性的黄色舌状花，不结实。花序中部为两性管状花，棕色或紫色，能结实。矩卵形瘦果，果皮木质化，灰色或黑色，称葵花籽。

向日葵是休闲食品瓜子的来源，是主要的经济作物。向日葵是田园中夏季重要的种植景观，同时也是人们休闲观光旅游的好景观。例如，兰陵国家农业公园在万亩葵花海中精心打造出亚洲最大的一片花海迷宫。整个花海的游览路线将迷宫的形式贯穿其中，打破了常规赏花只能远观边走边看的尴尬，使游客能身临其中感受花的海洋，近距离与向日葵亲密接触。

二、田园蔬菜景观

景观蔬菜是指既可食用又可用于景观设计的一类新型蔬菜的总称，其具有优雅美丽的株态、奇特的外观、多彩的色泽，集观赏、食用、绿化和美化于一体，是田园种植景观中必不可少的品类。

（一）蔬菜花坛

蔬菜花坛是将同期生长的多种蔬菜或不同颜色的同种蔬菜，根据一定的图案设计，栽种于特定规则式或自然式的苗床内，以展现群体美。常用的蔬菜花坛有花丛花坛、组群花坛、模纹花坛、立体花坛等。适宜做蔬菜花坛的蔬菜种类很多，一般只要叶色或花色艳丽，植株高度比较一致的蔬菜即可。例如，甘蓝、花菜、生菜、芫菜、彩色菠菜、牛皮菜等。

（二）豆棚瓜架

豆棚瓜架是蔬菜种植景观中的独特景观，是“房前屋后种瓜种豆”传统农家生活的写照。一般用攀缘性强的瓜类或豆类，搭建不同形式的棚架，种植各类形状的瓜、果类蔬菜。如颜色形状怪异的南瓜、奇形怪状的葫芦、形状如蛇的蛇豆、果形优美的佛手瓜、开着或红或黄或白或紫色花的各种豆类、果实棱角分明的四棱豆、紫红色荚果的红扁豆、又长又红的彩色虹豆等。条件具备的田园还可以培育“番茄树”“辣椒树”等，这些树搭架可以形成巨大冠幅，可谓现代农业科技的奇观。

（三）野菜园

野菜是蔬菜种植景观中的重要材料。野菜种类之多、资源之丰富、分布地区之广泛，几乎可与人工培育的蔬菜相媲美。开发野菜类蔬菜园旨在供人们观赏和食用。许多种类的花色、叶色具有很高的观赏价值，且营养丰富，风味独特，其中的很多种类还具有保健和药用价值。游客到田园观赏的同时，还可品尝或采购。

（四）水生蔬菜园

我国有很多土生土长的水生蔬菜，栽培管理简单便捷，比较常见的有莲藕、千屈菜、水芹、水芋等，其中莲藕是我国传统园林中常用的植物材料，它的花和叶最能吸引游客的眼睛。南方多水，乡村利用水田、池塘、湖面、低洼地、浅水沼泽地栽植水生蔬菜，构建江南水乡蔬菜生态农业景观，创造独特的景观特征，使观赏者更有兴趣。

（五）特种观赏菜园

很多特色蔬菜漂亮、美观，如大多数根茎类蔬菜都有诱人的香味、鲜艳的色泽、独特的形状。袖珍根茎类蔬菜因其小巧玲珑、美观可爱，备受人们的欢迎。如红色的樱桃萝卜、紫色的铃铛花（特菜桔梗）、洁白的百合花等，它们不但花好看，根茎还有很高的营养价值。另外，紫红色叶子的红芜菁，红色叶子的根甜菜，紫色花冠顶端五齿裂的婆罗门参等都是很好的观赏根茎类蔬菜。

三、果园景观

国内的果园观光采摘游起步于 21 世纪 80 年代。21 世纪初这种参与式休闲旅游模式逐步受到都市人的认同和青睐。果园景观的产生一是满足了人们回归自然、追求个性化度假和休闲放松的需要；二是满足了人们对果品市场的多样化、精品化、个性化需求；三是实现了旅游与果树业的完美结合，起到了促进农民增收的作用。

（一）果园景观的分类

1. 生态观光型果园景观

以果园或果园周边优美的自然生态环境来满足城镇居民回归自然、融入自然的愿望，游客能尽情享受大自然的恬静与安详，呼吸清新的空气，放松疲惫的身心。深入其中，春季可赏花，夏日可避暑，金秋可摘果，尽享田园风光。这是一种有别于风景名胜区纯生态观光型的具有综合性质的旅游形式，除果品采摘外，游客还可休闲观光、体验民俗、参与农事、住宿休养等，是一种前瞻性的旅游模式，适合于城市白领和生活较为宽裕的工薪阶层。由于要求自然风光和人工生态工程的和谐结合，目前符合上述硬件条件的景区还不多。

2. 果品采摘型果园景观

指游客在指定果园或温室大棚内开展名特优新果品的观光采摘游活动。游客可游览园貌、采摘、品尝、拔菜、收获农作物等，体验劳作之艰辛，尽享收获之愉悦。如各地开展的春季温室草莓采摘游和国庆节前举办的梨果采摘节、大枣采摘节、葡萄采摘节等活动。这是目前观光采摘游的最普遍模式，适合于各个阶层的居民，今后几年仍将是主打模式，但其线路和目标单一、时间短促的缺点，易引起游客的审美疲劳。

（二）观光果树的选择

观光果园果树品种最好选择适宜于本区域的土壤、气候条件和自身的管理水平；品质优良、容易栽培；具较高的树体、花果观赏性；鲜采食用和市场购买食用品质差异大；采摘用工多、采摘成本较高，通过观光采摘既可延长采摘时间、增加采摘乐趣，又可较普通种植大幅度减少采收成本，从而提高生产效益。

综合以上考虑，建议选择如下水果种类和品种：

1. 樱桃

主栽品种为黑珍珠（该品种因成熟时果皮紫红色发亮而命名为黑珍珠。该品种果实较大，单果重4—5克，果肉淡黄色，可溶性固形物17%—21%，味浓甜，肉质细嫩，离核，爽口有香气，品质上等，4月下旬至5月上旬成熟。早果性比较好，一般栽后第二年即可结果，抗逆性和适应性强，适于南方种植，可种植10—20亩。

2. 优质鲜食桃

可种植20—40亩，每一品种10亩左右，可适当发展硬溶质、耐贮的特早熟和中晚熟品种，如白丽（美国广泛栽培的鲜食桃优良品种，6月中下旬成熟，肉质细脆、硬溶质、汁多味浓甜，极耐贮运，在外观、品质、丰产稳产等方面均表现优良）、春丽（特早熟油桃品种，果大，果面红色、肉白色，甜香适口，不裂果、耐贮运、丰产稳产，品质优良）、映霞红（极晚熟桃品种，9月中旬后成熟，该品种树姿较开张，叶片大、披针形、深绿色，蜜腺肾形、极大，花瓣粉红色、半开张，花粉量大，果实圆形、果形端正、果个大，平均单果重216.5克，最大425克。果实底色黄绿，果面着鲜艳玫瑰红色，光彩亮丽，果顶平。果面光洁，茸毛少，梗洼浅，无果锈。果皮厚、光滑。果肉乳白色，近核处粉红色，可溶性固形物含量18.1%，最高达26%，果肉脆甜可口，清香宜人，风味极佳。果核小，果实可食率高，黏核。果实硬度大，耐储耐运，果实发育200天左右，留果可延迟到10月上旬采收。适应性强、抗旱、抗病虫，喜光、耐旱、耐瘠薄、可在土层较瘠薄的土壤中栽培）。还有如新川中岛（日本中晚熟品种，丰产稳产性极好、品质优异，7月下旬—8月上旬成熟）、东桃33等。

3. 葡萄

可发展10—20亩，每一品种3—5亩，设施避雨栽培，可适当发展优质、无核的品种，如夏音玛斯卡特（欧美杂交种，黄白色，日本2003年登记最新品种，穗重500—1000克，粒重10—12克，绿黄色，坐果好，栽培容易。肉硬脆，有玫瑰香，可溶性固形物20%品质极优。不裂果，耐贮运，没有脱粒现象，抗病，可短梢修剪，外形美观，外观很漂亮，很有高级感，是一个很有发展前途的高级品种，8月中旬成熟，抗病，丰产稳产主要选择品质优异、外观漂亮、容易栽培的品种）、黑旋风（夏黑，果皮紫黑色、天然无核，品质优异。早熟葡萄品种7—8月上旬成熟）、摩尔多瓦（果皮紫黑色、外观极漂亮、丰产稳产、品质优，中晚熟品种，一般在中秋、国庆上市）、克伦生（极晚熟品种，天然无核、皮薄、肉质细脆，挂果期在10—12月）。

4. 其他

还可适当发展的水果种类和品种有红阳猕猴桃（因果心横截面呈放射状红色条纹形似太阳而得名。果实中大、整齐，一般单果重60—110克，最大果重130克；果实为短圆柱形，果皮呈绿褐色，无毛。果汁特多，酸甜适中，清香爽口；鲜食、加工俱佳，特别适合制作工艺菜肴。8月下旬陆续上市，采用温控法可贮至翌年二月。该品种应特别注意防治溃疡病）；宁海白枇杷（从实生白枇杷中选出的大果优质中熟白砂枇杷新品种，单果重40—65克，最大86克，果皮淡黄白色，锈斑少，皮薄，易剥皮，富有香气，果肉乳白色，肉质细腻多汁、浓甜、风味浓郁，品质极佳，很受欢迎。种植时最好设立避雨避雪棚架）。

（三）观光采摘果园规划设计

果树作为休闲农业及景观设计的重要因素，发挥着越来越重要的作用。但在许多采摘果园的果树景观中存在着群体空间格局不合理、观赏性差、季相变化设计不当、斑块镶嵌不谐调等突出问题。果园公园化就是将传统的公园设计元素与果树有机地结合起来，突出果树特有的自然生态、养生、文化及农业生产价值体现等功能，发掘果园生产、生活和生态价值，拓展水果经营理念的外延，提升果园的园林美化景观效果，使果园成为人们休闲、品果、陶冶情操和开展文化活动的理想处所。因此，观光采摘果树要实行山、水、园、林、路的综合合理安排，依据“一片果树、一个景区”的景观化公园化设计思路，通过品种及种植布局适当提升果树的观赏性，合理处理好果品生产、休闲采摘与果园观光的关系。

观光采摘果园的设计要点：

1. 季相设计

果树随着四季的更替而出现周期性的变化，春花、夏叶、秋果、冬姿，构成了具有时间序列的园林景观。采摘园设计时可考虑四区设置，即：春景区、夏景区、秋景区和冬景区来体现果树的季相景观。春景区：可选各类果树布局在一起，体现万紫千红的春景；夏景区：宜选择高大乔木果树，合理搭配在此期间成熟的果树品种，如早熟苹果、晚熟桃、杏等，此区可用一些藤本果树，搭建在不同形式的廊架，供人们休闲尝果；秋景区：主要体现果实和秋色时，可把同类果树放在一起，构成大面积的色彩美，也可点缀色相差大的果树品种，给人赏心悦目的感觉；冬景区：主要表现果树的树形美和枝条美，把不同树形的品种布局在一起，充分展示果树的形态美。另外，在果树景观中，应适当配置一些果树的设施栽培，延长观光时段，使四季品鲜果，隆冬赏桃花的景象成为现实。

2. 品类设计

观赏果树品种繁多，形态各异，在造景时既要注重个体观赏美，又要兼顾到群体协调美。

（1）树形

不同的果树因其不同的生物学特性而形成各异的树形。常见的有蔓生、丛生、灌木和乔木等，根据不同品种特性，可以进行人工控制树形。如：苹果、梨的疏散分层形、桃的三主枝自然开心形、葡萄的篱壁形、李子的自然圆头形等。景观设计时树体大小、高低要错落有序，过廊应使用篱壁形或棚篱形品种；自由休闲区、休憩区应使用丛生或灌木品种；生产区也要由小到大，由低到高安排品种。总之，既要满足优质果品生产，又要按一定的艺术组景，构成体量更大、视觉艺术更明显的造型。

（2）叶片

果树叶片的大小形状、色泽质地各有不同。梨叶纤细柔弱、质地细腻，葡萄叶叶脉突出、质地粗糙，银杏叶似折扇、婀娜多姿，桃叶叶形尖狭、小巧玲珑。叶片的颜色从初春的绿色到盛夏的浓绿，再到秋天的红、橙、黄、深绿兼有之。这些特征在做景观设计时一定要细致地研究，叶形过渡要自然有序，还要考虑秋季叶色的协调一致和点缀效果。

（3）花朵

在大自然的美景中，花的色泽芳香、姿容和美妙无疑是最重要的景观元素。果树花朵的形状和颜色均不相同，形态特征各异，开花期也不相同。在做设计时就要注意花期接近，色相对比较大，花朵大小相近的可做相邻设置，反之应做分区设置；颜色配置上也要注意由近浅色到远深色，给人以厚重的感觉。

（4）果实

果树的果实形状多样、色泽各异、大小不等。不同种类的果树、同种类果树的不同品种的果实特征也各有千秋。圆、高圆、扁圆型、葫芦型应有尽有；红、橙、黄、绿、紫各色齐全；小如珍珠大如篮球。千奇百怪的果实也构成了独特的果园景观。

3. 造型设计

整形修剪是果树实现优质高产的主要技术措施，也是果树景观造型的主要手段，造型设计既要满足果树的生产要求，又要与园林艺术相结合，高度体现技术与艺术相结合的特点。

从树形考虑可选用多种常用的树形，安排在毗邻地块，满足果品生产，同时构成鲜明对比的景观效果。把这些果树按协调一致和功用进行整形，再按其生长发育的生态条件布局，一行一列，呈线性展开，构成一种具有节奏韵律感的果树景观。

充分使用果树丰富多彩的花色、果色，通过嫁接把一个种类的不同栽培品种接在一棵树上，增加果树景观的科学性和观赏价值。也可在一棵树上选择不同花色、不同果色、不同果形、不同成熟期的果树进行组合，这样在一棵树上既有花，又有果；既有幼果，又有成熟果，显示出独特的观赏效果。

注重立体美设计，立体设计要充分利用景观园地形，结合乔化果树、矮化果树、藤本果树、丛生果树和草本果树的树形和高差，加上其他园林要素，设计多层次的绿色复合空间，形成丰富的轮廓天际线构成良好的视觉形象。

4. 观光果园的功能

（1）生态功能

既能调节空气温度、湿度，又能净化空气、水体和土壤，还能减少风害，降低噪音，改善区域环境。

（2）观光游览功能

以果实采摘为主，兼顾其他旅游功能，开拓旅游市场，成为全新的旅游时尚。随着生活水平的提高，市民投身城郊旅游观光的同时，希望当回果农。

（3）科普教育功能

除从门票、游览图、宣传牌等获得知识外，通过参与果园管理及采摘活动，在尽享采摘快乐的同时，培养团结协作、吃苦耐劳精神，获得果树方面的科普知识，提高文化素养，陶冶情操，享受丰收喜悦。

（4）增加效益功能

果园与旅游结合，实现产业效应。发展果园旅游观光采摘，可降低生产成本，增加收入，拓宽旅游空间，还可带动餐饮、交通、加工等行业发展。

5. 观光果园的规划布局

在规划布局上，一是强调立体化、园林式风格，以果树为主，建筑的比例较小，景点设计与果树配置交相辉映，使园内四季花果飘香。让观光者重返大自然享受真实、朴素的自然美，最大限度地让人们在自然清新的氛围中自由自在地漫步，以寻求诗意。二是突出科技与科普，使观光者在游览的同时，获得知识，提高文化素养。结合果树生产的特点和当地的自然环境条件，可以参照园林式布局形式。山地选择自然式园林布局较好，平原选择规则式或混合式布局为好。规则式园林是以建筑所形成的空间为园林的主体，在平面规划上有明显的中轴线，追求几何图案美；混合式园林是将自然式园林与规则式园林的特点用于同一园内，二者比例大致相等。

6. 观光果园的建设

（1）地形

自然式园林地形处理讲究顺其自然，再现自然地貌。规则式园林的地形处理手法是将水平面、倾斜面和竖直面有机结合，其剖面均由直线组成。在平原地区，由不同标高的水平面及坡度平缓的倾斜面组成；在山地及丘陵地区，由水平面、倾斜面和竖直面组成大小不同的台地，并以台阶进行联系。

（2）水体

自然式水体轮廓为自然曲线，驳岸以自然石岸为主，以再现湖、河、池、渠、瀑等水体的自然形式；规则式水体讲究规整，其轮廓为几何形，以圆形和矩形为主，采用规则式驳岸，水景的主要类型有整形水池、壁泉、整形瀑布、水渠运河等，常以古代神话与喷泉作为水景的主题。

（3）建筑

园内建筑在满足休闲、娱乐、餐饮等基本功能的前提下，以小为佳，并按无障碍标准建设。建筑包括游息性建筑、服务性建筑、管理性建筑。自然式园林建筑为静态或动态的均衡布局，以主要导游线构成的连续构图控制全园；规则式园林建筑采用中轴对称均衡的布局，多以主体建筑和次要建筑群所形成的主、副轴系统控制全园。

（4）铺装

园内路面、广场完全硬化。自然式园林中的空旷地和广场为自然形式，园路的走向、布列多随地形布置；规则式园林中的空旷地和广场的轮廓多为几何形式，以对称的建筑群或广场、林带、绿墙合围出广场空间。园路有直线形、折线形或几何曲线形。

（5）植物

生产优质无公害精品果，建立起生产无公害优质果品的生态环境，采用无公害栽培技术，生产安全、营养、优质的高档果品。增加对旅游观光者的吸引力，提高果园效益。

重点突出果树景观，兼顾植物多样性。考虑乔化、矮化、藤本和草本果树的有机结合，进行立体设计。主栽果树应早、中、晚熟合理搭配，延长观光、采摘周期。还要配置赏、食兼用的观赏果树，如重瓣红石榴、美洲观赏海棠、红肉果等。同时，以少量名贵花木点缀其间，以体现植物群落的多样性，力求四季树姿优美，常年花果飘香。

选栽抗性强、经济价值高的果树。选择具有抗性强、耐旱、耐寒、抗病虫害的果树。根据气候、土壤、地形、地貌等条件，选择当地乡土树种和引入适宜栽培的果树种类，体现地方特色。栽植名、优、新树种，拓宽观光者的知识面，增加果园竞争力。园内所有植物应挂上标牌，标明科、属、种、产地、分布及栽培特点等，开展各种形式的科普宣传教育活动。

规范果园管理。同树种、品种的树形整齐划一，采用先进、美观的树形。留果标准一致，果实大小整齐，套袋管理。加强病虫检测，以生物防治为主、生物化学防治相结合。土壤管理以清耕或生草为主，多施有机肥，少施化肥。果园管理做到规范化、标准化、精细化。

生产艺术果品。艺术果品是指带有美丽图案或喜庆吉祥文字的红色果品。这类果品附加文化韵味，备受消费者青睐，经济效益好。

四、茶园景观

目前，世界上农业观光园的形式多样，内容各异，在这些众多农业观光园的百花齐放、百家争鸣、欣欣向荣的发展诗篇中，茶园作为农业园中的一种类型，也在不断地开发经营中扭转和摆脱资源开发短视、茶叶工艺偏低等传统发展问题，汲取国内外发展观光业、茶叶与旅游业相结合的交叉产业的先例及经验，并根据地区社会发展的客观实际而逐渐将观光茶园这种模式发展成熟起来。中国是茶叶生产大国，茶叶农耕文明源远流长，茶文化历史悠久，茶叶资源丰富，茶叶生产体系多样。自 1970 年台北的木栅观光茶园开园营业开始，便开启我国茶园景观发展先河。我国发展茶园景观业具备得天独厚的自然优势和人文优势。由于经济、文化、时空、国情等诸多方面因素的影响，茶园景观成为人们领略自然、修身养性的各类农业观光园中的首选。

茶园景观，是以茶叶活动为基础的现代茶叶和旅游业（或者说是茶叶生产发展、生态观光游憩、茶文化旅游）相结合的一种新型产业，是社会发展下产生的新生事物，是一个涉及社会、经济、文化、生态等多方面的复合产业。它利用茶叶资源与自然资源、茶田自然景观与茶作人文景观、茶叶生产活动和茶文化形态背景等众多内容，为人们提供观光游憩、旅游交友、休闲度假以及茶事体验的一种茶叶经营活动。

（一）生态茶田培植模式

对于耐阴喜温喜湿的茶树来讲，光照仍然是茶树生存的首要条件，过强或者过弱的光照都不适宜其生长。但一般情况下，我国茶叶种植区域的气候自然条件均适宜茶叶生长。我国的茶树品种按树型一般分为乔木、小乔木、灌木型三种，可以针对不同树型的茶树选择不同的生态种植方式。合理选择不同高度树冠和不同深浅根系的植物，以茶叶单行或双行为单位间种一种或者多种林木品种，构成2—3层林冠地被结合的复合性茶田生态系统。

第一，高矮树种二者搭配互补来种植，可以避免使用单一的作物品种进行耕种造成土地空间浪费，使得土地不同层次资源利用的最大化。第二，上层稀疏型下层密集型的搭配方式，可以充分利用阳光，可以使茶叶作物的生产品质大幅提高。第三，在正值春茶茶芽萌动生长的早春时节，由于上层乔木的阻隔保护能够避免冻害等造成的茶叶伤害与生产损失。第四，栽植培育高层与底层均为常绿树种的搭配形式，无异于在茶园内再塑造培育一片生态公益林。第五，套种间作方式改变了茶园内小气候，直接创造了其他生物的生存条件，丰富了茶园物相，增加生物多样性，降低病虫害威胁，创造无农药无化肥的纯绿色安全无公害观光茶园茶叶生产条件。其中，稀疏型阔叶乔木与灌木型茶树的经济作物套种间作模式是时下很普遍的生态经济双赢的栽植形式。适合高矮常绿套种模式的中高型阔叶树种如：柿树、杨梅、梨树、板栗、香蕉、橡胶、湿地松、白花泡桐等，具有投产早、见效快、抗逆性强、产量高、质量好、收益稳定等优点。另外，攀缘藤本与茶树的套种模式也是比较常见的形式，如葡萄、吊瓜等。近年来，还有提出了“饲禽（如养鸡等）+种茶”的发展模式，以及更为功能复合性的“畜/禽+沼+茶”的发展模式，效果也很不错。

（二）田间道路规划设计

现代的茶叶耕种已经进入机械化的操作模式，因此在道路的规划与设计上要考虑便于机械的行驶与操作以及车辆的运输等要求。生态茶田的道路规划要包含田区主道、支道、步道等三种基本类型。在遵循自然原型的原则下，将满足交通的要求作为前提，因循地形走势进行道路的规划布局。首先，干道的宽度 4—6 米，它是贯穿整个茶田种植区域的主要交通要塞与枢纽，并连通着观光茶园的主干路，需要对植行道树并要开挖排水沟渠，茶田区面积在一亩以下则可以根据情况简省主干道的设置。其次，支道的宽度 3—5 米，它是生态茶田区内部交通的主要道路。对于观光性质的茶区支道两旁应该做景观处理，而纯生产性质的茶区的支道两侧的行道树可以省略。再次，步道一般宽度为 0.6 米左右，是位于茶畦之间而便于茶农进入进行耕种采摘管理而设置的。

（三）生态防护林

防护林是观光茶园中改善生态环境的主要因子，在降低不良气候影响与自然灾害破坏、提高茶叶生产环境、建立区域生态平衡、保障茶叶稳产与可持续发展等方面都发挥着不容小觑的作用。为了实现茶田防护林的有效作用，在规划设计上需要重点考虑几个方面：林带合理的空间布局、多样稳定的林木结构、后续林木换种更替。需要在规划设计前充分了解当地全年气候与多发灾害的常规数据，并深度考虑有可能出现的突发灾害——根据气温、季风等气候条件考察当地条件适宜的茶田周围地域，并制定结构、走向、间距、宽度合理的防护林带的布局规划方案；根据自然灾害的种类选择确定强抗逆性的优良速生乡土树种。茶田防护林多会选择生态公益林木和生物防火带树种，具有包括净化空气、涵养水源、美化环境、防止水土流失、阻隔噪声等多种生态功能，以及防火避灾等功能。栽植方式属于群植，采用稀植造林方式，以乔灌的阔叶行混、针阔行混的混交方式进行防护林构建。景观上需要注意防护林木的配置以形成起伏绵延的优美的林冠线，以及曲线多变的林缘线。有余力的观光茶园也可进行林茶或者林粮间作的低投入、高产出、成林快、周期短的造林方式。

（四）场地植物绿化及改善小气候的植物群落

虽然现在多提倡乔灌草地被不同空间高度与立体层次相互结合的植物群落式栽植方式，但针对不同的功能性的园林景观空间应该采用不同的植物种植设计方案。这些具有生命价值的绿色植物作为景观材料的出现，使得原本已不简单的三维园林空间变为更加复杂的多具一条时间轴线的四维空间体系。正如生物生存的过程是随时间的推移而发生变化一样，拥有大量园林植物与茶叶作物的观光茶园的景观也必然是随着季候变化而动态变化的。因此，其建设和完善的过程也必然是个缓慢的发展过程。

五、药用植物种植景观

广义上的药用植物是指根、茎、叶、花、果实等含有特殊成分而可供人类用于防病、治病的植物。大多数的药用植物不仅具有一定的药用价值，其花、果、形态等都极具观赏价值，如金菊、石竹、红花、射干、虎耳草、多花紫藤等，都可以广泛应用于种植景观中。在植物种植景观的植物配置中，地被植物的合理应用往往能起到画龙点睛的作用，而药用植物大多喜欢阴湿环境，可作为地被植物应用，如玉竹、山丹、铃兰、多花石竹、麦冬等均能构建出独具特色的观赏景观。而药用类植物同样具有非常丰富的应用前景，常见的药用类植物如铁线蕨、鹿角蕨、肾蕨、凤尾蕨等，均可作为地被植物应用，不仅能提升整体观赏效果，还能起到烘托、丰富景观的作用。

六、花卉种植景观

花卉是重要的经济作物，同时也是美化环境的重要材料。花卉产业是一项占地面积小、科技含量高、经济效益大的优势产业，而且成本比较优势明显。中国是花卉种植面积第一大国，花卉产业作为“朝阳产业”，成为田园种植景观的重要组成部分。

（一）一、二年生花卉种植景观

一般春季播种，夏秋开花结实，入冬前死亡。在一个或两个生长周期内完成其生活史，一个生长周期内完成生活史为一年生花卉，两个生长周期内完成生活史为二年生花卉。典型的一年生花卉如鸡冠花、百日草、半支莲、凤仙花、千日红、山字草、翠菊、牵牛花等，园艺上认为有些虽非自然死亡，但为霜害杀死的也作一年生花卉。

一、二年生花卉应用特点：生长快速、整齐，装饰效果好；主要采用育苗栽培，繁殖系数大，质量高、生长周期短，见效快；栽培条件严格，需安排好栽培及应用。因此在很多的果园、农场、茶园等在特定的季节为了吸引游客，在小区域种植草花作为点缀，例如冬天在花海种植地撒播油菜花种，春天就可以看到油菜花，在春末夏初的时候撒播波斯菊种子，到了秋季就可以看到色彩美丽的波斯菊身影。一、二年生花卉也是休闲乡村建设中花海的最主要的种植材料。例如在全国遍地开花的薰衣草庄园、芝樱公园等。

（二）宿根花卉种植景观

宿根花卉是植株地下部分可以宿存于土壤中越冬，翌年春天地上部分又可萌发生长、开花结籽的花卉。

宿根花卉是适宜我国地区气候特点的多年生花卉品种，该类花卉中大量的野生品种和已经园艺化的品种经适当管理，能够安全越冬和平安度夏。这些资源的开发应用，是人与自然和谐发展在城市绿化、田园村落美化中形成植物多样性的重要途径。宿根花卉比一、二年生草花有着更强的生命力，而且节水、抗旱、省工、易管理，更能体现绿化发展与自然植物资源的合理配置。

宿根花卉主要栽培种类有：芍药、石竹类、耧斗菜类、荷包牡丹、蜀葵、天蓝绣球、铃兰、玉簪类、射干、鸢尾类等。种类繁多，花色丰富艳丽，适应性强，一次栽植，可供多年观赏。

宿根花卉花色丰富，花型也是“环肥燕瘦”，各有千秋，可极大地满足在田园种植景观布置中的应用需要，宿根花卉的色彩良好的搭配，我们常采用的方法有三种。①对比色应用。这种配色较活泼而明快，特别是浅色调的对比，柔和而又鲜明。如：蓝色＋橙色（婆婆纳＋宿根天人菊），紫色＋黄色（荷兰菊＋矮生金鸡菊）。②暖色调应用。类似色或暖色调花卉搭配，色彩不鲜明时可通过白色调剂，这种配色鲜艳而热烈。如：红色＋黄色（宿根福禄考＋一枝黄花）＋黄色（粉花假龙头＋黑心菊）。③多色应用。综合应用对比色、类似色等配色方法，营造色彩丰富的景观效果。

（三）球根花卉种植景观

球根花卉是指具有由地下茎或根变态形成膨大部分的多年生草本花卉。球根花卉偶尔也包含少数地上茎或叶发生变态膨大者。球根花卉广泛分布于世界各地，我国各地也普遍栽培。供栽培观赏的有数百种，大多属单子叶植物。

球根花卉是田园种植及美化环境中不可或缺的组成部分，例如世界四大切花中的郁金香，还有美丽的大丽花更是乡村屋舍及休闲农庄植物种植中的常客。而郁金香、风信子及葡萄风信子在国外庄园中应用的例子更是数不胜数。

如位于荷兰阿姆斯特丹近郊小镇利瑟的库肯霍夫公园，是每年花卉游行的必经之路。库肯霍夫公园内郁金香的品种、数量、质量以及布置手法堪称世界之最。公园的周围是成片的花田，园内由郁金香、水仙花、风信子，以及各类的球茎花构成一幅色彩繁茂的画卷。园中各类花卉达600万株以上，还有很多难得一见的珍稀品种。每年的春天，这里都将举行为期八周左右的花展，同时还安排许多相关的活动，包括园艺与插花等的工作坊、各种主题的展览等等。这里最让人瞩目的活动是花帽的展览，展出花卉在帽子设计方面的运用。

（四）木本花卉种植景观

花卉的茎，木质部发达，称木质茎。具有木质的花卉，叫作木本花卉。木本花卉主要包括乔木、灌木、藤本三种类型。代表植物有桂花、白兰、柑橘等。

木本花卉是田园种植景观中应用最广的花卉。全国苗圃种植最多的花卉就是木本花卉，尤其是木本花卉中的桂花、梅花、樱花、银杏、海棠等具有较高观赏价值的植物成为田园景观的重要架构。各种爬藤类的木本花卉更是农庄、果园等廊架美化的重要材料。

（五）兰花种植景观

兰花为附生或地生草本植物，叶数枚至多枚，通常生于假鳞茎基部或下部节上，二列，带状或罕有倒披针形至狭椭圆形，基部一般有宽阔的鞘并围抱假鳞茎，有关节。总状花序具数花或多花，颜色有白、纯白、白绿、黄绿、淡黄、淡黄褐、黄、红、青、紫。

如今，全国各地有很多的植物园、花卉园都会栽培兰花。特别是热带兰花，品种众多，有很高的观赏价值。如在佛山三水南丹山，技术人员竟然将兰花种在树上，打造树上兰花园景观。位于广西南宁青秀山上的兰园利用原有沟谷、岩石、大树、泉水等自然条件，采用障景、借景、点景等园林造景手法，创造了步移景异、曲径通幽、小中见大的意境，打造兰花地生、附生、腐生、气生、岩生的自然生长环境。展示兰花的“艳、美、香、纯、媚、珍”，使游人体验绚丽多姿之艳、仪表高雅之美、幽远飘逸之香、皎洁无暇之纯、超凡脱俗之媚、神奇药用之珍，成为国际领先的高品质户外兰花专类园。

第八章 乡村休闲旅游与农业循环景观

第一节 农业循环景观概述

一、农业循环

“农业循环”即“循环农业”，关于“农业循环”的定义，可谓百家争鸣，目前还没有较明确、统一的结论。作为一个新生概念，农业循环的理论来源于循环经济理论与农业结合后的发展进程。“循环经济”这一概念最早由英国经济学家皮尔斯（Pearce D.W.）等提出，强调一种非线性的闭合式经济，主要包括四大主张理念，即“从摇篮到摇篮”“工业生态友好”“仿生”和“蓝色经济”，通过废弃物资源化利用、清洁生产等方法减少上游垃圾产生，并节省下游的原料，达到资源节约与环境保护双赢。随着时间的推移，通过与生态学、经济学等理论的结合，农业循环逐步成为一个较为独立的思想理论体系。尽管国外已将循环经济的基本原理运用到农业领域，但相关研究中并没有采用“农业循环”或“循环农业”的概念，而是将其纳入“农业可持续发展”“生态农业”等范畴内。“农业循环”或“循环农业”这一概念可以说是国内创造的。在可查资料中，首次提出“循环农业”概念的学者是陈德敏，他在2002年的《循环农业——中国未来农业的发展模式》一文中第一次从循环经济角度提出在农业领域发展循环经济即循环农业的思想，但他并没有明确给出循环农业的定义。直到2004年才有文献真正对“循环农业”的概念进行深入探讨。就目前来看，国内学者对“农业循环”或“循环农业”的叫法仍有不同，有的称其为“循环（型）农业”，有的称其为“农业循环经济”，还有的称其为“资源循环型农业”，在本书中我们统称为“农业循环”。虽然学者们的表述侧重点不同，但实质内容是大体相同的，基本上都包含了以下几点：其一，农业循环的理论基础是可持续发展理论、循环经济理论和生态经济理论；其二，农业循环是现代农业的一种新型发展模式，是转变农业发展方式的有益探索；其三，从本质上看，农业循环经济是生态经济，它要求人们在农业经济发展中遵循生态规律，寻求农业与生态环境之间的和谐发展，也就是说，农业循环的驱动力是经济效益，最终目标是要实现经济效益和生态环境效益的双赢；其四，发展农业循环必须要依托现代农业技术和手段；其五，发展农业循环不能只局限在农业领域，要延伸产业链，实现农、工、商之间的交叉利用和共同发展，可以说，农业产业化是实现农业循环发展的具体形式。

将“农业循环”的定义进行归纳：借助生态学、生态经济学、生态技术学原理及其基本规律，运用循环经济理论、清洁生产理论、可持续发展思想与产业链延伸理念等，以经济效益为驱动力，以可持续协调发展评估体系和绿色 GDP 核算体系为导向，优化并调节农业生态系统内部结构及产业结构，按照“资源→农产品→农业废弃物→再生资源”的反馈式流程组织农业生产，严格控制外部有害物质的投入，避免农业废弃物的产生，最大限度地减免环境污染，提高农业系统物质能量的多级循环利用，使农业生产活动真正纳入农业生态系统循环中，实现资源的充分利用、生态的良性循环与农业的可持续发展。简单来说，农业循环就是运用物质循环再生原理和物质多层次利用技术，实现较少废弃物的生产和提高资源利用效率的农业生产方式。

二、农业循环景观

（一）农业循环景观的定义

农业循环景观是在可持续发展思想的指导下，以循环农业为依托，以现代科学技术和物质装备为支撑，运用物质循环再生原理和物质多层次利用技术，实现较少废弃物的生产和资源利用效率的提高，是农业与生态高度融合的景观综合体。农业循环景观是一种环境友好型农作方式，具有较好的社会效益、经济效益和生态效益，具有生态、经济、社会和美学价值。通过不断输入技术、信息、资金，使农业循环景观成为充满活力的系统工程，能更好地推进农村资源循环利用和现代农业可持续发展。

农业循环景观的内涵应包括以下五个方面：①农业生态化。生态化农业要求人们以遵循生态规律为基本原则来发展农业经济，从而实现农业生产与生态环境之间的和谐发展。②农业循环化。循环化农业要求在经济活动中形成新型循环反馈流程，建立物质资源循环再利用系统。③农业科技化。科技化农业强调现代化农业必须以科技研发为重要手段，提高农业科技进步贡献率和农产品科技含量。④农业精确化。精确化农业要求在优化农业生态系统的基础上，根据地域、区块的农作物现状及其未来潜力对各种生产要素的投入量进行调整，从而实现农业清洁化生产。⑤农业产业化。产业化农业要求不断优化生产要素，推进农业区域化布局和一体化经营，使农业逐步形成现代化经营方式和产业组织形式。

农业循环景观以能量循环和生态食物链的原理为指导，在发展农业产业中要做到“四化”：第一是农业生产全程清洁化。全程包括资源投入、生产产品和输出产品，所有过程都要做到清洁干净化。第二是产业内资源利用的科学化。对农业产业内部的生产模式和资源配置进行科学合理部署，实现资源利用最大化。第三是产业内部及相关产业间的废弃物资源化。优化农业产业结构，通过将废弃物回收循环转变成不同形式的可再次利用的资源，在农业产业内部及相关产业间形成互惠互利模式。第四是公众产品消费理性化。引导消费者由过度消费向适度消费和绿色消费转变，实事求是地选择适宜自己的消费档次和产品种类，减少、避免奢侈浪费、超标消费等非理性的行为，提供给农业产业市场相对较为准确的需求信息，避免泡沫性、结构性资源浪费。

（二）发展农业循环景观的意义

经历了原始农业、传统农业以及现代农业的发展历程，不管是发达国家的“石油农业”，还是发展中国家的“绿色革命”，都没能摆脱农业生态环境日益恶化的残酷现实。这些农业模式虽然能够快速提高生产效率，但是在经济增长的同时也付出了沉重的代价，例如资源的过度消耗以及对生态环境的损害。由此可见，生态环境的恶化与农业发展方式的不当都是严重制约农业可持续发展的重要因素。在中国，随着资源匮乏和环境恶化问题愈演愈烈，农业和农村经济的可持续发展受到了严重制约，从而大幅度延缓了全面小康社会的建设进程。因此，研究并运用农业循环景观理念指导农业生产，转变增长方式，创新发展模式，坚持资源利用节约化、生产过程可控化、废物循环再生化、产业链接生态化、大众消费绿色化以及追求生态系统服务的持久力、最大化，是当前面临的紧迫而又艰巨的任务，是中国农业发展也是发展循环农业的必然选择。循环农业的发展是农业现代化发展的必然趋势，而农业循环景观的建设有利于资源节约型社会和环境友好型社会的建设，有利于科教兴农的实现和创新型国家的建设，有利于全面建成小康社会和促进社会主义新农村的建设。

首先，农业循环景观的建设是实现农业生产可持续发展的保证。作为生态农业的延续，进行农业循环景观的建设要求所有农作物的种植必须在一定的安全生产标准下进行，减少对剧毒农药、化肥、催生剂的使用，通过建立全面的土地充分利用和农业发展规划体系，使农作物的种植与自然资源的消耗维持平衡，从而为实现农业发展与环境保护提供坚实的保证。

其次，农业循环景观的发展符合新时期农民对高质量生活的追求。改革开放带来市场经济快速发展和农民收入的逐年增加，高质量的生活已成为广大人民群众的迫切需求，食品安全意识上升到前所未有的高度，人们更多地需要无污染、健康、绿色的农产品。而若想生产出更多更安全的绿色食品，则要求生产资料、农作物生长环境和加工方法等都是无污染的。实践表明，通过发展农业循环景观的建设，能生产出更多绿色安全健康的食品，满足人们高标准的生活质量要求。

再次，农业循环景观的建设有利于促进农业生产结构战略性调整。作为农业结构调整的重要方式，大力发展绿色循环农业可以有效构建农业产业化发展链条，加快推进农业现代化发展进程。当前，我国农业正处于传统型向现代型、粗犷型向集约型转变的阶段，对于农业结构调整提出了更高的要求。

最后，发展农业循环景观能够为农产品出口创造优势条件，对于国民经济的发展起到一定的推动作用。大力发展绿色循环农业，实现了对生产资料、劳动力的高效合理利用，其加工手段更加多样化，产出的食品价值更高，若能做到规模化生产，创优做大名牌商标，让产品远销海外，必能实现创汇收入，提高农民经济收入。

关于发展农业循环景观的可行性，学者们认为：我国自古以农立国，具有有机农业的良好基础，历史上农业生产遗留下来许多优良传统和生产经验，其中很多思想与循环型农业景观的特征相似。20 世纪 80 年代以来，我国大力进行生态农业建设，并由试点村、乡发展到试点县，既推动了生态农业理论的发展，形成了我国多样的生态农业模式和技术体系。传统农业和生态农业在我国的发展，为循环型农业的实施奠定了良好的实践基础，同时为农业循环景观发展提供了丰富的理论及技术指导。一方面，发展循环经济和建立循环型农业景观已成为实现可持续发展的重要途径和实现方式。而我国农业研究的重点也正转向清洁生产概念在农业中的应用以及减少有害物质的排放，并出台了许多政策，这些政策对于推动循环型农业在我国的发展极为有利。另一方面，农业循环景观的发展必然会加速农业产业化进程，我国农村劳动力资源丰富的优势得以发挥。

（三）循环农业景观的建设原则

20 世纪 80 年代中期，联合国环境规划署工业发展局的前局长拉德尔女士带领专家们进行科学研究，提出了遐迩闻名的循环经济“3R”原则，即“减量化、再利用、资源化”三原则。本书提出“农业循环景观”建设原则也是建立在“3R”原则基础上的。循环农业景观建设原则主要内容如下：

1. 减量化或减物质化原则（Reducing）

针对总流程的输入端。以减少进入生产和消费流程的物质量为宗旨。具体是指在农业生产全程乃至农产品生命周期（如从田间到餐桌）中减少稀有或不可再生资源、物质的投入量并减少废弃物的产生量，从而达到既定的生产或消费目的。例如，种植业通过有机培肥提高地力（如利用沼液沼渣灭虫施肥等）、减少化肥农药的使用量。在实践中的具体体现为节水、节肥、节地、节种、节药、节电、节油、节柴（煤）、节粮、减人（减少从事生产的农民），即“九节一减”。

2. 再利用或反复利用原则（Reusing）

针对总流程的中间过程。目的是提高产品和服务的利用效率，减少一次用品污染。具体是指农业资源或产品以初始的形式被多次使用。例如生活污水经处理达标后冲洗畜禽等。

3. 资源化或再生利用原则（Recycling）

针对总流程的输出端。通过把废弃物资源化以减少末端处理量。具体是指将生产或消费产生的废弃物无害化、资源化、生态化，如秸秆还田。

三、农业循环景观营造技术

（一）以农业废弃物资源化利用为核心的循环农业技术

通过对农作物秸秆的综合利用可开发农业再生资源、节约农业生产成本、提高农业效益，促进节能减排，秸秆利用率得到提高。

1. 秸秆肥料化利用技术

该模式可提高土壤有机质含量，培肥地力、保墒、增温，增强土地持续利用后劲。具体技术包括：

（1）秸秆机械粉碎直接还田技术。

小麦秸秆：小麦联合收割机上加装切抛粉碎装置，将秸秆直接抛洒覆盖还田。

玉米秸秆：采用中型拖拉机牵引秸秆粉碎机将玉米秸秆粉碎，用大中型拖拉机翻耕，将秸秆翻入耕层。

（2）保护性耕作和免耕播种技术。

（3）秸秆快速腐熟技术。将粉碎后的小麦、玉米等农作物秸秆堆积，应用专门菌剂使秸秆快速腐熟，制成有机肥还田。

（4）秸秆反应堆技术。利用微生物菌种、催化剂、净化剂的作用定向将秸秆转化成植物生长所需的二氧化碳、抗病孢子、有机和无机养料。

2. 秸秆饲料化利用技术

利用该技术可推进秸秆饲料化，有效节约粮食资源，促进以牛、羊等食草型动物畜牧业发展。具体包括：秸秆的青（黄）贮、氨化、微贮、压块饲料等技术。

3. 秸秆能源化利用技术

该模式主要用于缓解目前农村用能紧张的问题。具体包括秸秆热解（化）技术、秸秆生物气化技术、秸秆压块替代燃煤技术、秸秆碳化和生产燃料乙醇等技术。

（二）以节能减排为核心的循环农业技术

1. 农田节水技术

主要围绕改革耕作制度，优化种植布局，配套田间节水设施，集成创新节水模式。重点普及推广节水技术，完善监测服务网络，形成蓄水、保水、集水、节水、用水一体化的农田节水格局，努力提高水生产效率，促进农业可持续发展。

（1）农艺节水技术。粮食生产中，重点包括免耕播种、适时晚播、窄行密植、小畦软管灌溉、免浇返青水、两晚技术、秸秆还田等技术。蔬菜生产中，重点推广膜下滴灌、膜下微灌、膜下沟灌水肥一体化节水技术模式。

（2）设施节水技术。在旱作农业区建设集雨补灌设施，铺设灌溉管道。

（3）生物节水技术。推广节水品种，发展节水耐旱作物，实现生物节水。

（4）结构节水技术。在保障粮食生产的前提下，根据区域特点，种植相应的耐旱作物。

2. 农田节肥技术

推广以水稻、小麦、玉米、棉花、蔬菜、大蒜、辣椒、花生等优势作物为主的测土配方施肥技术。在技术推广中，规范取土、测土、配方、配肥、供肥和施肥技术指导等各个环节的操作，推广“一村一站、一户一卡”测土配方施肥模式。

3. 农田节药技术

（1）推行生物防治、生态控制、物理防治和科学用药等综合防治的新技术。大力实施病虫害综合治理，逐步实现重大病虫害的标本兼治。

（2）推广病虫害高效防治机械，向机械化防治病虫害服务延伸，提高重大病虫害的机械化防治水平。

（3）精准施药技术。采取适期、适量、对症用药和一喷综防、扇形喷雾、超低量喷雾等方式开展病虫害防治，提高农药利用率，减少农药使用量。

（4）科学轮换用药技术。进一步加强环保型农药的筛选、示范和推广。

（5）农药废弃物处理技术。引导、组织农民对农药残液进行集中处理，对废弃农药包装进行深埋或集中焚毁，以减轻环境污染，避免人、畜中毒。

4. 农田节地技术

减少土地的占用，向立体栽培、间作方向发展，合理利用光、热、气等资源，提高土地的使用效率。

（1）间作套种立体栽培模式

以棉花为主的高效立体间作套种，大力推广棉—蒜、棉—葱、棉—瓜、棉—麦、粮—菜等为重点的间作套种立体栽培模式，合理配置作物群体，使作物高矮成层，相间成行，有利于改善作物的通风透光条件，提高光能利用率，增加土地综合产出效益。

（2）发展林下经济

充分利用林荫之下的土地资源，发展种植、养殖等多种产业，如林下养鸡、林下栽培食用菌等技术，实现农林牧资源共享、经济共赢的复合经营模式。

（3）庭院经济

利用住宅的房前屋后、房顶阳台、地下室以及四周的其他空坪隙地和富余的劳力资源，积极发展种植业、养殖业、加工业等产业。

（4）立体栽培技术

在蔬菜、食用菌生产中，充分利用空间，向立体栽培发展，以节省土地。

5. 农业节能技术

（1）清洁能源开发使用技术

大力普及应用沼气、太阳能、风能、小水电等清洁能源及其技术，逐步使清洁能源成为农村生活用能的主体。

（2）节能降耗技术

加快农村农、林、牧、渔业生产和农村生活方面机械设备的升级换代，农户推广节煤省柴灶具，降低农业装备能耗。同时大力发展节油、节电、节煤等节能技术。

（三）以农业资源涵养保护和高效利用为核心的循环农业技术

该模式以保护野生资源和生境，防止外来生物入侵，保护生态平衡和安全为主要内容，重点是建立野生资源原生境保护区，对濒危野生植物物种加以保护，开展野生资源的合理开发利用工作。对外来入侵生物加强监测预警，对重点区域的外来入侵生物进行综合防除，防止蔓延扩散，确保农业生态安全和农业生产安全。

1. 野生种质资源的保护和合理利用技术

（1）开展普查

在农业野生动植物资源丰富地区和生态脆弱区，进行农业野生动植物物种资源普查。

（2）建立保护区

对国家公布的野生植物名录和具有保护价值的各种野生植物资源逐步建立农业野生植物原生境保护区，对濒危野生植物物种进行抢救性收集保存。

（3）合理开发利用

与科研院所合作，开展农业野生植物资源性状鉴定评价，标记、定位、克隆一批优异功能基因。

2. 外来入侵生物的预防与控制技术

（1）监测预警

加强外来有害入侵生物防治，开展外来入侵生物风险评估和监测预警。

（2）防控与灭除

对重点区域的外来有害入侵生物采用生物、物理、化学防治以及生态修复相结合的方法，进行集中灭除，防止外来有害入侵生物的扩散和蔓延。

3. 生物资源和生态系统环境修复技术

（1）草场牧草资源和草原生态系统

按照草地生态系统物质循环和能量流动的基本原理，运用现代草地管理、保护和利用技术，实施牧区减牧还草模式、农牧交错带退耕还草模式、沙漠化土地综合防治模式、牧草产业化开发等技术模式，在维护草原生态系统平衡的基础上，进一步提高草场的产出能力和牧草质量。在潜在沙漠化地区实施以草为主的综合治理，以恢复草地植被，提高草地生产力，改善生存、生活、生态和生产环境，增加农牧民收入，使草地畜牧业得到可持续发展。在农牧交错带有计划的退耕还草，发展草食家畜，增加畜牧业的比例，恢复生态环境，遏制土地沙漠化，增加农民的收入。

（2）水生生物资源和水生生态系统

在沿海和内陆大型水域，大规模开展渔业资源增值放流，主要投放海水经济品种和淡水滤食性、草食性鱼类品种，利用生物技术，增加渔业资源储备、改善水质、优化水域生态环境。采取科学调度、优化配置水资源和必要的工程措施，修复因水域污染、工程建设、河道（航道）整治、采砂等人为活动遭受破坏或退化的河流鱼类产卵场的水域生态功能；采取生物控制、滤食性鱼类放养、底栖生物移植和植被修复等措施，对富营养化严重的湖泊、潮间带、河口、湿地等水域进行综合治理。（四）以农业功能延伸拓展为核心的循环农业技术。

1. 以农业延伸到工业再到农业的循环技术

这种模式链条主要是“农业副产物—工业原料—工业副产物—农用产品—农业生产”，即利用农业生产的废弃物用于工业生产，工业生产后的副产品用于生产农业生产用所需的投入品，再回用于农业生产，通过这样的闭合链条，使农业生产和工业生产有机结合起来。

2. 优质农产品加工循环利用技术

按照国家、省、市、地方优势农产品区域布局规划，重点将农、牧、水产品中的大宗农产品进行加工，提高产品附加值和经济效益，同时又促进产业本身良性发展。利用无公害食品生产技术、绿色食品生产技术和有机食品生产技术发展优势农产品，加工生产出的品牌“拳头”产品。在农产品加工企业中，推行环境友好型技术，促进企业单元的闭合循环链条建立。

3. 农业休闲旅游循环发展技术

与休闲旅游产业相结合，着力优化乡村旅游环境，重点完善基础设施和公共服务设施；着力推进产品结构调整，重点延长产业链，培育产业集群，提高产业化水平；重点加强标准化引导、规范化管理，努力实现消费市场向大众化、产品结构向休闲度假、增长方式向产业融合、收益模式向增值服务、行业管理向产业促进、发展格局向城乡一体的“六大转变”，形成产品丰富多彩、产业化水平高、特色突出、管理规范、城乡互动的乡村旅游新格局。

（五）以水域滩涂综合开发和高效养殖为核心内容的循环农业技术

1. 浅海立体生态养殖技术

以海洋牧业开发为主攻方向，发展立体生态养殖。例如，表层以扇贝、贻贝和梭子蟹吊笼养殖为主，适宜地区发展深海网箱，引进开发适养经济藻类，实现贝藻轮养、共生互补；底播青蛤、文蛤、杂色蛤、魁蚶、光滑蓝蛤等经济贝类和海参等海珍品；中层辅助对虾、梭子蟹、海蚕、牙虾、鳍梭鱼以及鲷科鱼类放流，实现养殖海域综合利用。

2. 设施渔业健康养殖技术

工厂化养殖采用物理过滤、生物净化、臭氧或紫外线消毒等方式进行水处理，循环使用养殖水，实现外封闭、内循环、零排污、无污染的环保型节水养殖方式；养殖过程中，使用优质良种，集成标准化饲养、水质改良和调控、疫病防控、安全用药等关键技术，提升科技含量和产品质量，提高经济效益。温棚渔业重点针对甲鱼、罗非鱼养殖，推广保温加温，全价饲料喂养、微生物制剂改良水质、养殖病害综合等配套技术，节能降耗，减少养殖废水排放。

3. 盐碱地水产养殖技术

充分利用种植业难以利用的咸水、半咸水资源，开展南美白对虾、罗氏沼虾、罗非鱼、梭鱼、鲤鱼、鲫鱼等适宜品种的养殖生产，通过水型分析与调配、标准化生产技术提高产出能力。在资源集中、水源丰沛地区，与种植业高效对接，建立"上粮下渔""上枣下渔"等多种适合的鱼、粮、果、菜协同发展的技术模式。

4. 浅水栽培及种养牧结合型生态渔业技术

在浅水区进一步发展菱、藕、水米等水生经济植物栽培和鱼、鸭、鹅养殖综合利用模式；在有条件的稻田推广稻田养鱼（蟹）立体种养模式；在传统种藕的池塘推广藕鱼套作等各类种养牧结合型生态渔业模式。

第二节　循环生态园概述

一、循环生态园的内涵

循环生态园是指采用循环农业模式进行园区产业的布局和生产，以循环农业作为农业观光的基础，体现"整体、循环、协调、再生"原则和"生态文化"内涵，注重生态技术和新能源的引进应用，实现生态效益、经济效益与社会效益的大幅度提高。

二、循环生态园发展理念

（一）因地制宜，综合策划和规划

循环生态园规划应充分考虑原有农业生产的资源基础，因地制宜，搞好基础设施建设，如交通、水电、食宿及娱乐度假设施的进一步建设等。另外，循环生态园规划必须结合循环生态园所处地区的文化与人文景观，开发出具有当地农业和文化特色的农副产品和旅游精品。

（二）培植精品，营造主题形象

基于许多循环生态园缺乏拳头产品、难以深度开发的现状，循环生态园规划应以生态农业模式作为园区的农业生产模式来进行整体规划布局，培植

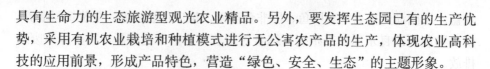

具有生命力的生态旅游型观光农业精品。另外，要发挥生态园已有的生产优势，采用有机农业栽培和种植模式进行无公害农产品的生产，体现农业高科技的应用前景，形成产品特色，营造“绿色、安全、生态”的主题形象。

（三）效益兼顾，实现可持续发展

循环生态园的规划设计应以生态学理论作为指导思想，利用环境技术、生物技术和现代管理机制，使整个园区形成一个良性循环的农业生态系统。经过科学规划的生态园主要是以生态农业的设计实现其生态效益；以现代有机农业栽培模式与高科技生产技术的应用实现生态园的经济效益；以农业观光园的规划设计和经营管理实现它的社会效益，使经济、生态、社会效益三者相统一，建立可持续发展的观光农业生态园。

三、农业循环生态园建设模式

由于我国各地地形地貌、气候条件、自然资源等的差异，各个农业循环生态园的发展和建设模式也不同。可将我国的农业循环生态园概括为 5 种主要建设模式：农业副产物循环利用模式、立体复合型模式、农产品深加工循环产业链模式、农村生态家园模式、多产业结合循环农业园区模式。

（一）农业副产物循环利用模式

1. 以沼气为纽带的能源生态模式

在新农村建设过程中，以农村大量的农业生产和农户家庭生活废弃物，包括人禽畜粪尿、农作物秸秆、农产品加工废弃物等为原料，利用沼气池等设施经过长时间的发酵，产生一种可利用的可再生清洁能源——沼气，为农村居民提供燃气、照明、有机肥料；同时，沼气发酵的残余物——沼液和沼渣，可以用来种植蔬果、养殖禽畜鱼等，起到提高生物产量和质量、提高地力、生产无公害和绿色产品等作用，对物质和能量展开多级循环再利用，实现高效低耗的农业生产。目前，以沼气为纽带的能源生态模式根据其共性和特点可归纳为 3 种类型：庭院模式、“三位一体”和“四位一体”模式以及联户集中供气模式。

（1）庭院模式

庭院模式实际上是以“一池三改”为基本建设单元的农户用沼气模式，即在农户家的庭院内建一个与改圈舍、改厕所、改厨房相连接的户用沼气池，将居民和禽畜的粪便、生活废水排进沼气池，使其经过无害化发酵产生沼气，生产的沼气除用于做饭外还可以用于照明、洗浴和取暖等。该模式以生产无害化和废弃物资源化为关键环节，农户通过发展该模式实现了“两净”“三省”“三增两减少”。“两净”即家居净、庭院净，“三省”即省煤省电省力，“三增两减少”即增肥增产增效和疾病减少、投资减少。庭院模式有效解决了农村居民的家庭用能难题，节约了农村居民的生活成本，提高了农村居民的生活质量，改善了农村居民的居住环境。

（2）“三位一体”和“四位一体”模式

“三位一体”“四位一体”模式是典型的农村沼气能源生态模式之一。“三位一体”模式是在农户庭院或田园内建沼气池，沼气池上建畜禽舍和厕所或者建畜禽舍和日光温室，温室内种植蔬菜或水果；有条件的农户会采用“四位一体”模式，在种植蔬菜或水果的温室大棚的一端地下建沼气池，沼气池上建畜禽舍和厕所。“三位一体”“四位一体”模式以太阳能为动力，以沼气为纽带，种植业和养殖业相结合，形成生态良性循环，从而增加农民收入。

（3）联户沼气集中供气模式

随着农村经济规模化、集中化的发展，中小型养殖场和养殖小区逐步取代了分散型小规模户养模式。根据养殖规模建设不同规模的沼气工程，统一生产沼气和铺设沼气管道，向周边农户家庭集中供气，同时将沼渣、沼液用来生产有机复合肥。这种模式既解决了养殖场粪污处理问题，保护了农村生态环境，又解决了部分农户发酵原料不足的问题，保证了沼气发酵的稳定和农户的正常用气。

2. 以食用菌为纽带的废物利用模式

以食用菌为纽带的废物利用模式是指依托食用菌种植，将稻草、牛粪、菜饼、谷壳、木屑、棉籽壳等为主的农业废弃物转化成培育食用菌的肥料，同时生产食用菌后的废料可以作为种植果蔬的有机肥，达到改良土壤、提高果蔬品质、增产增收的目的。部分地区的食用菌产业已经成为当地农民创业致富和促进地方经济快速发展的支柱产业。

（二）立体复合型模式

该模式根据自然生态系统中各种生物物种的特点，使农业生态系统中林木、农作物、动物等处于不同类别生态区位的生物类群共存、互惠、互利。立体复合型模式充分利用自然资源、生物资源和人类生产技能，为农作物形成一个良好的生态环境，优化由能量循环和物种转化组成的立体模式，提高资源的有效利用率和生物产品的有效产出率，实现经济、生态效益的高度协调统一。主要采用和推广的有 3 种形式：

1. 平原立体种植模式

平原立体种植模式是指将水旱、粮经作物配套种植的模式，这种优化模式早在20世纪70年代就开始推广。这种间作套种模式能够降低、避免单一种植的自然风险、市场风险和政策风险，可以大幅提高单位面积经济效益。目前，在棉花产区进行西瓜生产的间套作种优化模式类型已经多样化，比较适宜、应用最广的种植模式是小麦—西瓜—棉花—蔬菜连续间作套种。

2. 立体养殖模式

（1）水体立体养殖模式

水体立体生态养殖模式，即将水体养殖的水产品进行科学配套养殖。如青林寺清江名优鱼专业合作社将养殖网箱分上下两层，上面是小箱，每个小箱20米^2，养殖经济价值高的鮰鱼，下面是大箱，约100米^2，养的是胖头鱼，4个小箱套一个大箱，胖头鱼可食用浮游生物及残饵，能清洁水质。完善的立体生态养殖，能变废为宝，改善水体富营养化状况，同时可降低养殖成本，大幅增加养殖收入。

（2）陆地立体养殖模式

陆地立体养殖模式是将陆地养殖的家畜、家禽结合农林业进行科学配套养殖。如采用以山上养“山鸡”，林下养“土鸡”的模式推进循环生态园的创建，让鸡自由采食青草、竹叶以及艾叶、黄芩等植物，并配以南瓜、红薯作辅助饲料，充分发挥林地资源优势。养鸡一般采用在林下采取野外散养和集中圈养相结合的方式，以野草、昆虫等天然活性饲料和玉米、稻谷等绿色杂粮为主要饲养食材。

3. 立体种养结合模式

（1）水体立体种养结合模式

水体立体种养结合模式，即将适合的水生、湿生植物和水产资源进行科学配套养殖。如公安县崇湖渔场约有130亩鱼塘采取了“水上种空心菜、水下养鱼”的新型养殖模式。先用竹竿、尼龙网、塑料瓶扎成长方形的浮床，作为空心菜生长的“地基”，然后将培育好的、长约20厘米的空心菜移栽上去即可。水体中富含氮、磷、钾等微量元素，适合空心菜生长，一般每年5月移栽，当月就可开始收获，一直持续到当年的11月。栽培出的空心菜个头大、水分足、口感好，无任何农残。收获完毕后，再用生石灰对余下的根茎进行无公害处理，转化成鱼苗饵料。这种模式既能净化水质，空心菜还能增加经济收入。此外，鱼苗发病率能下降50%左右，投放的药剂也将明显下降。不过，空心菜的栽培面积不得超过水面的1/3，否则不利于鱼类生长。

（2）稻田立体种养结合模式

稻田立体种养结合模式有“虾稻共作”“稻鸭共育”和“稻蟹共作”等种养结合的模式。这些模式都是以动植物互利为纽带的立体种养结合模式，将动物、植物、饲料融合在一起，立体开发稻田农业资源。这种以动植物互利为纽带的种养结合模式将自然生态与人工干预相结合，能充分利用高质量稻田的所有自然资源，创造稻与鸭、稻与蟹、稻与虾三者生态环境的最佳组合，实现稻、鸭、蟹、虾的高产、优质、低耗，同时还能进一步推动稻田生态系统循环链的良性运转。

“虾稻共作”模式，即在种植水稻的水田中同时养殖小龙虾，水稻和小龙虾在稻田中同生共长。水稻在生长过程中会产生许多微生物和害虫，正好可作为充足的饵料提供给小龙虾的发育，而小龙虾的排泄物又可作为优质生物肥提供给水稻的生长。“虾稻共作”的优势互补循环生态链不仅有效提高了稻田的综合利用率，同时提高了虾与稻的品质。

“稻鸭共育”模式，是指在传统水稻培育系统中引入鸭子的养殖，利用鸭子的食性和活动控制和影响水稻病虫草害的发生，刺激水稻生长，实现优质水稻和鸭子的高产低耗双丰收。稻田里生长的鸭子消化能力非常强，可在田间进行全天候的频繁捕食，不仅改善了稻田的通风及光照条件，当鸭子在田间来回穿梭游走有利于疏松稻田土壤，它们趟起的浑水还可抑制病虫草害的发生及生长。此外，富含氮、磷、钾的鸭粪也是提供给水稻生长的优质有机肥。“稻鸭共育”模式由于化肥、除草剂的零使用，能降低30%以上的综合生产成本，能生产出价格比常规稻高出一半以上的有机稻米。稻鸭共育模式中生产的稻与鸭，也以其高品质获得市场的青睐。

（三）农产品深加工循环产业链模式

农产品深加工循环产业链模式主要是依靠当地资源优势，立足自身产业特色，紧跟市场需求，在抓紧自身产业的同时大力发展以农副产品深加工为主的其他产业，使种、养、加、运、销配套运行发展，形成以工补农、以农带牧、以牧促农、工农牧齐头并进，推进农业、工业生产的生态经济大循环和开放复合式结构，促进经济、社会和生态的平衡发展。

以稻花香集团为例，该企业利用酿酒的酒糟、生产玉米浆饮料的下脚料及玉米芯棒、禾秆等再生资源加工成农业饲料；利用饲料的资源优势，兴建生猪和奶牛养殖项目；利用生猪、奶牛的粪便作原料，建成有机肥料项目，供给农民有机肥料用来生产各类有机农作物；兴建承担该企业的原材料采购、产品配送销售等任务的物流中心；新投资兴建了以魔芋、甘薯、玉米为主要原料进行深加工项目的生物食品出口基地。依靠本地资源优势和自身产业特色建立起了由多个产业链组合构成的农业产业循环生产链，形成了不断壮大的资源节约型及环境友好型企业。

（四）农村生态家园模式

农村生态家园模式以农业农村资源为依托，以生态学、系统科学和环境美学为指导，以绿色农业经营为基础，将农业生产、观光旅游与环境保护相融合，构建集农业种养殖、观光度假、产品加工销售为一体的农村生态家园，达到合理利用资源、改善农村生态环境、提高农业综合效益的目的。曾经大力推广的有 3 种模式：

1. 农家乐模式

“农家乐”旅游的雏形来自国内外的乡村旅游，并将国内特有的乡村景观、民风民俗等融为一体，因而具有鲜明的乡土烙印。同时，它也是人们旅游需求多样化、闲暇时间不断增多、生活水平逐渐提高和“文明病”“城市病”加剧的必然产物，是旅游产品从观光层次向较高的度假休闲层次转化的典型例子。农家乐的发展，对促进农村旅游、调整产业结构、建设区域经济、加快农业市场化进程产生了良好的经济效益。有些地方依托本地农业资源，分片开发出“农家乐”品种系列，像湖南南岳衡山、昆明团结乡等地的农家乐已逐渐形成了自己的品牌。

农家乐发展起来后，带来的不仅仅是消费收入，还有产品信息、项目信息和市场信息，为当地经济的发展提供了契机。农家乐成为农民了解市场的“窗口”，成为城市与乡村互动的桥梁。各地游客为农村带来了新思想、新观念，使农民及时了解到市场信息，生产经营与市场需求相接轨。农家乐最吸引旅游客的地方是：消费合理，价格实惠。农家乐模式在一定程度上拓展了农业可发挥的社会功能范围，实现了由仅提供农产品的简单农业向不仅提供农产品还可提供附加的生态、文化及休闲产品的综合型农业的转化升级，同时还带动了农产品加工业、农产品销售业、农村商业、农村旅游业、农村服务业等产业的发展，推动了农村三次产业的有机融合，加快了城乡一体化进程。

2. 特色民居模式

特色民居模式是指以当地特色建筑为亮点推动旅游产业的发展，借机带动当地农村其他产业的发展。大力发展生态农业，着力打造以特色民居为主要看点、以农家休闲为主要特色的乡村旅游。通过采取农民投资为主、政府补助为辅的办法对实施特色改造的民居进行测绘、规划、改造，着力打造村容整洁的新农村，以特色民居带动当地乡村旅游产业的发展，以旅游产业为抓手全面拉动当地优势产业的发展，深入推进当地新农村建设。

3. 文明新村模式

文明新村模式是指通过营造良好的人文、政治、经济、人居、治安、生态环境，改善农村的环境卫生，提高管理水平，使之符合创建文明新村的要求，使农民收入大幅增加，农村生态环境得到极大改善，农民生活质量得到较大提高。

文明新村模式通过引导广大农民在村内道路、小型农田水利、环卫设施、道路照明、造林绿化、村内文化体育活动场所、重大病虫害防治、预防自然灾害等方面的村级公益事业上共同建设，能够有效地解决农民生产生活中的热点难点困难，改善农民居住生活环境，形成健康、科学、文明、卫生的生活方式，提高农村文明程度，是推进新农村生态建设、发展农业循环经济的一个重要抓手。

（五）多产业结合循环农业园区模式

多产业结合循环农业园区模式是在地方规划的一定区域内，以“循环产业链”为核心，通过不同企业的相关产业将各自生产要素充分整合，致力于研究、开发、生产、培育、营销等，构建一条完整的园区循环产业链。该模式是以消费者为导向，从产业链源头做起，经过种植、采购、贸易、物流、食品原料和饲料原料的加工、养殖屠宰、分销及物流、品牌推广、食品销售等每一个环节，实现食品安全可追溯，形成安全、营养、健康的产品供应全过程。

多产业结合的循环农业园区以“研、产、销”高度一体化经营理念为主导，将传统的上游原材料供应、中游生产加工、下游市场营销全部纳入企业高度掌控之中，纵向多元化和横向一体化有机结合，能激发产业链、价值链的重构和功能升级，推进一二三产业深度融合、上中下游一体，实现生产、加工、销售各个环节共享均衡利润，是一种探索农业全产业链再造的新模式。

四、农业循环生态园开发战略

（一）建立并完善以提高利用效率与持续发展为主导的资源节约型农业体系

农业的集约化与持续化是当前世界农业发展的两大动向，优化农业制度与发展农业循环经济是实现现代农业可持续发展的基本要求，倡导整体协调、循环再生、资源节约、环境友好、高产优质与满足供求是现代农业的主导方向。建立与完善资源节约型农业体系是使农业在更高层次上实现超常规、跨越式科学发展的有效途径和载体。创立循环利用型农业模式，能够有效地保护耕地面积、改善耕地质量，遏制环境恶化，实现和谐共存。这就要求我们要以科学发展观为统领，坚持不懈地大力发展农业循环经济，建设环保型生态农业，开发并有效推广既节约资源又保护环境的农业技术，重点推广废弃物综合利用技术、相关产业链接技术和可再生能源开发利用技术，实现人与自然的协调发展。现代高度集约化的农业制度对资源环境的开发利用强度较大，必须重视对资源与生态环境的有效保护，协调用养矛盾，处理好降低消耗、培肥地力、减少污染、提高效益之间的关系，实现农业废弃物的能源化、饲料化和肥料化。

（二）建立并完善以山地水土保持和防灾减灾为核心的种养结合型农业制度

山地的综合开发，必须贯彻落实整体协调等循环再生原则，实现人与自然的和谐相处。山地受损的本质是生态元之间的链接断裂或弱化，使系统网络结构破碎化，使生态链断裂，引起生态系统功能衰退。南方山地由于地形、气候以及土质等特有的不利因素，水土流失严重，作物生长不良，不但使产量减少，品质受到影响，还会间接造成环境污染，水质劣化，洪水及泥沙灾害。植被恢复是水土保持的重要手段，实践证明：山地生态系统的退化实质上是山地植被的破坏和生物多样性的损失，扭曲了生态系统结构，引起生物地球化学循环过程与生态链的短缩与断链，增加了系统的脆弱性。

因此，要坚持“以防为主，防抗结合，综合治理”的防灾减灾方针，加强山地基础设施配套建设，在灾害重发区和多发季节，健全减灾避灾型保育框系，通过选择抗性品种，合理搭配品种，搞好山区农林牧业的区划布局，综合运用工程措施和农艺措施，提高农业避灾抗灾与种养结合管理能力。

（三）建立并完善以物质良性循环和多级利用为核心的循环利用型农业制度

建构新的现代循环农业模式，发展现代农业循环经济，关键在于优化建构新的农业物质循环通道或链条体系。为此，需要充分把握住现代农业循环经济发展的基本取向、重点与对策。在现代农业生产过程中，循环经济所倡导的是一种物质不断循环与再生利用的经济发展模式，即“资源—产品—消费—再生资源—再生产品”的物质反复循环流动，从根本上消除环境与发展之间的矛盾。随着世界各国对于生物质能开发利用的广泛关注，以及各种生物质能转化技术的成熟和发展，作为一种有效缓解全球能源危机问题的主要途径，生物质能产业应该引起高度重视。

（四）建立并完善以开发优质产品与绿色农业为核心的综合拓展型农业制度

随着市场对资源配置的导向作用日益增强，要求现代农业必须将农业安全与人类健康列为首位。农产品质量的高低和优劣成为决定市场竞争力的关键因素，现代农业应坚持“以质取胜”的战略方针，在保证数量安全的前提下，适应消费多元化、优质化、层次化的需求，以全面提高质量和效益为中心，发挥优势，突出特色，积极调整品种结构。同时，通过自然资源的循环利用以及农业生产全过程控制，严格控制外部有害物质的投入，生产和使用对环境友好的“绿色”农用化学品（化肥、农药、地膜等），并利用 GIS 等新技术提高其有效利用率，降低农业生产及其他产品的服务过程对环境和人类的风险，以更有效且更持续的保障生态安全和食物安全。

五、农业循环生态园发展建议

进入 21 世纪以来，我国把发展绿色循环农业作为环境保护与经济发展“协调共赢”的一项重大举措，由点到面、由浅入深地对发展绿色循环农业景观进行实践探索。

（一）加大宣传培训力度，树立绿色循环理念

绿色循环农业建设是涉及整个社会的巨大工程，具有一定的复杂性、艰巨性和长期性。实践表明，可通过加大宣传推广、教育培训的力度，树立绿色循环理念。

1. 加大宣传推广力度

可利用各种媒介进行有效宣传，向社会大力普及与发展绿色循环农业有关的知识和建设方法，使绿色循环农业成为农业发展的主导，形成社会各界和广大人民群众积极参与绿色循环农业的浓厚氛围。

2. 加大教育培训力度

本着教育为先的理念，积极编写绿色循环农业相关理论教材，作为农技人员教育培训的基本读物。狠抓绿色循环农业教育培训工作，使广大农民掌握发展绿色循环农业系列方法，不断提高生产者的综合素质与能力。

（二）依托成功发展模式，深入分析学习借鉴

近年来，国内外关于绿色循环农业的发展模式较为丰富，各有特色。就国外而言，成功的发展模式有瑞典“轮作型循环农业模式”、美国“低投入循环农业模式”、德国“绿色能源循环农业模式”、以色列“无土循环农业模式”

及日本“环保型循环农业模式”等。以德国的发展模式为例，自 20 世纪 90 年代以来，一直都对绿色循环农业的发展较为重视，对农业基础设施、科研经费的投入逐年增加，突破了从农作物中提取工业能源的技术，如从甜菜中提取酒精、豆类农作物中提取植物碱、油菜籽中提取燃油等，这种做法符合可持续发展理念。此外，国内许多省市县在绿色循环农业的发展方面也取得许多成功的经验，如吉林省永吉县、山西省沁水县、浙江省松阳县等。

（三）提升绿色科技含量，构建循环发展体系

构建循环农业标准化体系是实施绿色产业的基础，是实现绿色农业规模化生产、产业化经营的基本手段。实践表明，制订和推行循环农业标准化体系必须以科技为支撑，切实增强绿色循环农业科技含量。

1. 大力实施科教兴农战略

科技引领创新，要实现绿色农业的快速发展，必须加强现代农业前沿技术的研发和引进，全面提升农业技术装备水平，着力推动农技推广服务体系的全覆盖，从而让科技成果进村入户、开花结果。

2. 加大农技科研队伍建设

大力实施新型农业经营主体带头人培训计划，把职业农民培养成建设现代农业的主导力量，采用“送出去”“请进来”“田间学堂”等方式，组织农技人员赴先进地区、农业院校考察培训，选优调配高校优秀毕业生到基层工作，支援农业薄弱地区发展，聘请相关农技专家到田间地头指导工作，不断加大职业技能培训力度，全面提升现代农业从业人员综合素质。

（四）加大政府扶持力度，推进农业现代化进程

实践表明，推进农业现代化进程必须以政府为主导，加大绿色循环农业的扶持力度，加大资金投入力度。循环农业建设需要大量资金投入，尤其在项目启动阶段对资金的要求特别高。政府要高度重视，按市场经济发展的要求，通过采用直接财政补贴、建立完善的融资渠道、引进观光农业与绿色循环农业相结合的其他产业等方法，弥补建设资金的不足。

1. 培育优质品牌和龙头企业

政府应进一步加大对农业基地建设的政策扶持力度，树立起绿色精品农业形象，充分利用品牌效应扩大国内外市场，发挥产业发展对经济的带动作用。积极推广“市场＋公司＋基地＋农户”的发展模式，发挥龙头企业开拓市场、带动力强、深化加工、提供服务的综合功能，做大做强一批骨干龙头企业，使绿色农产品加工业向“深”和“精”发展。

2. 完善现代农业保护制度

按照“确权、赋能、搞活”的总体思路，充分尊重基层群众的创造精神，在此基础上加快绿色循环农业相关法律法规的建设，使绿色循环农业的发展有法可依、有规可循。同时，坚持问题导向、底线思维、试点先行，积极、稳妥、有序地推进农村现代产业发展，不断创新和完善生态环境保护、农业投入品减量提效补偿的机制，积极推广减量化、清洁化等农业生产模式，实现生态农业的循环发展。

第九章 乡村旅游和休闲农业开发模式

第一节 乡村旅游开发模式

根据乡村旅游的开发主体和客体，我们可以把此类旅游开发模式分为以下八种。

一、著名景区依托模式

景区依托模式是指依托著名旅游景区（景点）开展乡村旅游，通过分离附近景区的部分服务功能来吸引周边农民参与旅游接待和服务，并融入一些乡间民俗活动，从而促进农民增收并带动周边乡村发展的一种模式。很多知名的风景名胜区往往位于乡村地区，这些旅游景区周边的乡村是我国开展乡村旅游较早的地区。利用风景名胜区的地理位置和客源市场的优势，从事旅游接待服务的乡村旅游区属于依托景区发展型乡村旅游区。主要代表有安徽黄山风景区山脚下的翡翠谷等。

二、自然生态旅游模式

这也是我国最早开展乡村旅游的主要驱动模式之一。它以原始生态为基础，通过原始的自然生态环境来进行乡村旅游开发。受人口稀少影响小的缘故，这些地区基本保持了原始的自然生态环境。旅游者可以通过这里的休闲农业、野营基地以及其他项目来充分享受自然的原始乐趣。

以法国为例，村庄旅游是法国人喜爱的一种旅游休闲方式，每年有数百万游客到远离城市的偏远村庄，住进条件简陋的农舍，让家长带孩子参观农庄，看牛羊、看挤奶、观看制作奶酪和酿酒过程，游客还可以品尝这些美味。又如，韩国农民开办“观光农园”，是几户农民联合经营的一种比较简朴的集食宿、劳动和文体于一体的休闲设施，供城里人小住，轻轻松松地观赏乡村的山水野景，享受大自然的宁静。也可参加农民的一些生产活动，如收获瓜果和蔬菜等，从中体会劳动和收获的喜悦。此外还可以学习农家制作面包、奶酪、果酱、葡萄酒的手艺。通过感受农家的生活，使自己的身心得到休息和调整。

市场发展趋势表明，乡村生态农业观光旅游者是国内旅游市场的主体。尽管我国的旅游业正在由传统的观光型旅游向休闲度假型旅游转变，但是在近、中期内，观光旅游仍将占有重要地位。生态农业观光型乡村旅游产品要想有持续长久的生命力，不仅要突出当地的乡村特色，充分利用当地独特的旅游资源优势塑造特色产品，更要不断的改进产品质量，满足市场需求。

观光旅游是最基本形式的旅游产品，也是生命周期无限长的旅游产品。乡村开发观光游系列产品具有低成本优势，可以利用现有的纯乡村自然、人文景观或农业产业园区，稍加改造设计甚至无须任何修饰就可开发出各具特色的观光系列产品。

乡村观光旅游具体项目有：田园观光、水乡观光、特殊乡村景观观光、水果农园观光、种植花卉与野生花卉观光、茶园观光、竹园观光、特殊林地观光、中草药园地观光、村落观光（含古村落、特色村落和新农村观光）和乡村博物馆等，而乡村主题博物馆是乡村景观遗产保护的一种重要方式。

例如辽宁丹东绿江村，有 14 个居民组、550 多户、2000 多口农民在这里居住，百分之六十的农户以打鱼为生，主要由汉、满、鲜三个民族构成。这里是纯天然原生态自然风光的最好体现，既有北方山水的雄伟壮丽，又有南方山水的灵秀清新。

三、民俗风情体验模式

民俗文化型乡村旅游产品是以“乡村性”为根本，以乡村的风土人情、民俗文化为凭借和吸引物，充分突出农耕文化、乡土文化和民俗文化特色的旅游产品。这是全面提升乡村旅游产品文化品位的一个有力手段。把农村居民的衣食住行、婚丧嫁娶、生计风俗、时令风俗、游乐民俗、信仰民俗等，无论是物质的、有形的具体实物，还是观念的、无形的抽象形式，都作为开发民俗文化旅游产品的资源依托，乡村旅游的本质特色在于乡村性。乡村某些地方具有特定的民俗风情、文学艺术、园林建筑、文物古迹，如衣着、饮食、节庆、礼仪、婚恋、喜好、歌舞、工艺、寺庙、教堂、陵墓、园林等，都是重要的旅游资源，对城镇居民有着强烈的吸引力，尤其是对于散客型家庭市场和大学生市场有着强烈的吸引力。

乡村民俗风情体验游的具体案例有北京民俗村、贵州“西江千户苗寨”等乡村旅游聚集区，潍坊风筝博物馆、杨家埠木板年画和风筝专业村、石家庄民俗旅游村、烟台牟氏庄园、长岛渔家文化、威海古老村落等。

四、古村保护开发模式

古村聚落模式是指以古村聚落特色、原始的建筑物与独特的古聚落文化为主要吸引物，以保护为主，因势利导的开发旅游来促进乡村发展的一种模式。旅游古镇建设型的乡村旅游产品是以整个古镇为主体进行旅游品牌建设的旅游项目。体现此类模式的旅游产品主要有江南六大古镇、安徽西递、宏村等古村落。

周庄保留着大量的元明清建筑和“井”字形的河道，其主题特色是商业古镇；同里以“名人多、建筑多、水桥多”而闻名，主题特色是居住古镇；甪直仍然保留着传统的服饰和吴国宫殿，主题特色为宗教古镇；乌镇更是以原汁原味“小桥、流水、人家”的江南水阁房吸引了众多的旅游者，被誉为“诗画古镇”；南浔保留着完整的江南大富人家的深宅大院，是远近闻名的“财富之镇”；而千年古镇西塘的生活气息和人文内涵是其最大的特色，有“生活西塘”的佳誉。再如地处黄山风景区的西递宏村古民居村落，风光秀美，历史文化内涵深厚，建筑工艺精湛，是保留最为完善的明清徽派建筑群，至今保存完好的明清民居有一百二十多座，房屋基本上保持原貌，未被破坏，具有很高的旅游价值。西递和宏村是安徽南部民居中最具有代表性的两座古村落，它们以世外桃源般的田园风光、保存完好的村落形态、工艺精湛的徽派民居和丰富多彩的历史文化内涵而闻名天下。

五、养生休闲度假模式

这类旅游产品主要供人们在工作、学习之余以旅游地度假、疗养等形式来消除疲劳，增进健康之用，旅游地同时要求具备较好的配套设施和服务，以提高疗养效果和质量。现代社会人们常因繁重的工作学习任务和社会竞争压力而处于亚健康状态，有着强烈的康体养生需求。乡村地域优越的环境气候为开展康体养生游提供了良好的条件。根据不同的环境和资源优势，可开展的康体养生乡村旅游与休闲活动有：温泉疗养游、森林浴疗养游、日光浴疗养游、运动健身疗养游、绿色饮食疗养游等。旅游行业数据显示，当人均 GDP 达到 3000 美元时，旅游需求出现爆发性需求，旅游形态出现以度假游为主时期；当人均 GDP 达到 5000 美元时，步入成熟的度假旅游经济，休闲需求和消费能力日益增强并出现多元化趋势。2013 年我国人居 GDP 为 5414 美元，度假成为当今旅游发展的趋势，乡村度假在自然环境、文化回归、时间和经济成本上具有较大的比较优势，是乡村旅游应该重点开发的类型之一。

乡村休闲度假型旅游产品是以滞留性的休闲、度假为主，在水乡、山村或民俗园中小住数日，对乡村地区的衣、食、住、行作亲身体验，同时对当地的民间艺术、民间技艺、方言等加以轻松了解。这种类型的旅游产品强调景区（或村庄）内的自然环境和当地居民以及旅游者之间的和谐共处。城市居民在节假日到周边农村或无所事事地闲逛，或者在山水中钓鱼、野餐聚会，或者到农民家摘果子、种蔬菜、喂小鸡等，农民们也热情地邀请城里人到家里做客，住农家屋，睡土炕，吃农家饭。

20 世纪 90 年代以来，农家乐广泛分布于城市近郊，是以农业和乡村消费为特点的旅游、娱乐、休闲度假的场所总称。其服务包括四季瓜果蔬菜采摘、登山踏青、山野垂钓、体验农活、品尝农家饭等。其特点是在政府的引导下或市场驱动下农户独立自主经营，一家一户自成经营单元，投资较少，组织灵活。这种形式以我国四川成都五朵金花的庭院经济最具有代表性。“五朵金花”在三圣乡举办“中国成都首届花博会”之际，集中财力，借势造势，将花博会周边的五个村庄在原来经营花卉的基础上，由政府统一规划，因地制宜，错位发展，在 12 平方公里的土地上，分别打造了花乡农居、幸福梅林、江家菜地、东篱菊园、荷塘月色等不同特色的旅游村，人称“五朵金花”。

休闲农庄是指占有一定规模的土地，以农业生产和乡村生活作为依托，将农耕文化作为核心，利用田园景观为游客提供乡村生产生活休闲体验以及住宿、餐饮等基本服务设施的经营主体，是以农庄作为经营单位的一种乡村旅游度假模式。

乡村酒店是以乡村酒店作为主要旅游接待设施来发展乡村旅游的一种模式。它指具有休闲、娱乐、求知、教育功能的综合性旅游住宿单位，是将农业景观、乡村住宿、餐饮设施进行结合起来，为游客提供乡村休闲体验的经营主体，如四川青城山、都江堰地震后新建的服务于乡村旅游的品牌连锁乡村酒店。

乡村俱乐部度假也是该模式的重要形式之一，具体项目有：知青俱乐部、乡村垂钓俱乐部、乡村高尔夫俱乐部、乡村马术俱乐部、乡村棋牌俱乐部等。

此外，乡村度假的另一体现为游中学的修学度假形式。乡村地区拥有丰富的乡土旅游资源和科普教育素材，可以让城市的青年学生拓宽视野、增长知识、陶冶情操。学习很多农学、生物学、气象学、乡村文学等方面的知识，有助于青年学生综合素质的提高和健康高尚人生观的形成。这类修学度假游的主要形式有：乡村家庭修学度假、教育农园等。

六、品牌节庆旅游模式

随着旅游业的快速发展，旅游吸引物的数量和种类也日益增多，旅游节庆作为一种旅游营销产品，以其巨大的形象传播聚集效应、经济收益峰聚效应、关联产业带动效应受到旅游企业及旅游目的地的高度关注。从 1983 年河南省洛阳市创办了中国最早的旅游节庆——牡丹花会起，全国各地以政府为主导，纷纷开始创办旅游节庆活动。进入 20 世纪 90 年代，中国旅游节庆更紧密地与当地特色经济结合起来，产业类节庆和产品类节庆悄然兴起，到 21 世纪初期，旅游节庆在思路、内容、形式、运作方式和组织机构方面都有了进一步的调整，目前全国每年大约举办六千多个旅游节庆活动，吸引海内外的广大旅游者。乡村的节庆活动是展示农业文明和民俗文化的有效载体，是发展乡村旅游、繁荣农村经济的助推器，开发乡村旅游客源市场最有效的方法之一就是创意和策划乡村节庆活动。

七、现代农村示范模式

在社会主义新农村建设中，有一批村镇集体经济较为发达，成为社会主义新农村建设的典范。江苏江阴市华士镇华西村就是现代农村展示的典型代表，村容村貌优美整洁，有“天下第一村”的美誉。村子面积 30 平方公里，人口 3 万，以其现代社会主义新农村建设的优秀成果，每年吸引着来自全国各地的大量旅游者。

八、特色产业聚集模式

乡村特色产业是指基于乡村所具有的独特自然地理和人文社会资源优势（原产地），以独特的技术工艺手段，面向市场，极具商业开发价值和潜力，开放、有一定规模、具有排他性的产业。乡村特色产业上下产业链条不一定很长，但必须有适度的规模，因此，乡村特色产业要取得又好又快发展，有效带动地区生产要素的集聚，最终成为提升区域经济竞争力的重要因素，走集群化的发展道路是科学的选择。例如上海崇明岛南江村就是一个举办创意集市、乡村涂鸦、文艺主题沙龙的乡村创意产业集聚区。

第二节　休闲农业开发模式

一、农业观光体验模式

此类发展模式主要是绿色农业生产方式与现代科学的融合，通过特色化、科学化的农业生产来吸引游客参观。农业观光体验模式以农村田园景观、农业生产活动为旅游吸引物，开发农业游、果园游、花卉游、渔业游、水乡游等不同特色的主题旅游活动，满足游客体验农业、回归自然的心理需求，主要类型有田园观光游、园林观光游、农业科技游、生态农业游、务农体验游等。

随着城镇化水平的不断提高以及人们闲暇时间和收入的增多，出现了以休闲化、个性化、参与性为主流的旅游新趋势。乡村地域拥有广阔的土地空间和丰富的文化传承，可为不同层次、不同类型的个性化户外活动及文化体验提供场所和条件。在乡村这一特定的地域内，利用独特生产方式、特有的生产工具、劳动创造物、民俗文化传承和乡村地理环境等体现出的人与自然的紧密关系、人与社会发展的密切联系，是乡村旅游体验的主要对象。

对于乡村体验旅游者而言，亲身参与和体验是最重要的。他们喜欢和向往的是原汁原味、无需雕饰的乡村环境和乡村生活，所以，乡村体验旅游产品开发对于自然资源和部分基础设施的要求并不高，关键是要有能吸引人的、真正让人可以体验和回味的乡村旅游主题和创意。可以开发的体验项目有：民俗风情体验游、农事活动体验游、乡村野外生存体验游、亲子体验游、动物亲近体验游、艰苦生活体验游等。

例如法国农村的葡萄园和酿酒作坊，游客不仅可以参观和参与酿造葡萄酒的全过程，而且还可以在作坊里品尝，并可以将自己酿好的酒带走，向亲朋好友炫耀，其乐趣当然与在商场购买酒不一样。日本兴起了务农旅游，东京一家旅行社，每年以春天的插秧、秋天的收割为契机，组织都市人去农村体验农民的生活，在沿海地区还组织游客参加捕捞虹鳟鱼和海带的采集及加工等活动，使都市人直接享受大自然的恩赐。

二、农业科普教育模式

利用农业观光园、农业科技生态园、农业产品展览馆、农业博览园或博物馆，为游客提供了解农业历史、学习农业技术、增长农业知识的旅游活动。主要类型有农业科技教育基地、观光休闲教育农业园、少儿教育农业基地、农业博览园等。如以高科技为重要特征，在城内小区和郊区建立小型的农、林、牧生产基地，既可以为城市提供部分时鲜农产品，又可以取得一部分观光收入，兼顾了农业生产与科普教育功能。

三、休闲农庄度假模式

休闲农庄是指占有一定规模的土地，以农业生产和乡村生活为依托，以农耕文化为核心，利用田园景观为游客提供乡村生产生活休闲体验以及住宿、餐饮等基本服务设施的经营主体。该模式主要是利用不同的农业资源，如森林、牧场、果园等，吸引游客前去度假，开展农业体验、自然生态领略、垂钓、野味品尝，住宿、度假、游乐等各种观光、休闲度假等旅游活动。如美国的庄园主在苹果、梨子、葡萄、西瓜等水果成熟之际，会在报刊上刊登广告，招揽游客前去农场采摘度假，人们可以在农舍小住一夜，品尝农庄主人准备的别有格调的晚餐，享受到一个别致的假期。

四、农业节事节庆模式

近年来，随着休闲农业的迅速发展，休闲农业节庆活动作为一种新的农业产业形态和新型消费业态，已成为提升休闲农业示范点的知名度和影响力，拓展农业功能，促进农产品销售，带动农民增收和壮大地方经济的新途径。农业节庆简单来说是在农业生产活动中形成和开发而来的，这里的农业生产是大农业的范畴，即农林牧副渔诸业。依据节庆举办的级别大小，可以分为国际级的、国家级的、省级的和地方级的；依据节庆举办主体的不同，可以分为政府举办、民间自发举办、政府和民间共同举办以及行业协会举办等形式；依据节庆主题性质，有学者将其分为商业类、文化类、体育类、政治类和科教类。对当前主要农业节庆活动进行归类，农作物类节庆主要为各类花卉节庆、水果节庆、蔬菜节庆等；民俗文化类节庆包括少数民族和汉族的节庆活动，传统二十四节气演变的农业节庆和部分传统民俗节庆等。农业节庆是体验式和消费式相结合的旅游产品，前景广阔，具有很大的旅游开发潜力。很多成功的农业节庆在开发过程中，注意到农业节庆综合开发潜力大的特点，常兼吃、玩、赏、教等多项旅游功能于一体。以常见的葡萄节为例，旅游者可以品葡萄美味、玩乡间游戏、看农村景色、学传统民俗。农业节庆综合开发潜力大，对促进乡村旅游多样化的开发有重要的意义。例如北京大兴西瓜节，就是以西瓜种植为主题的区域品牌化发展模式。

五、创意农业发展模式

创意农业起源于20世纪90年代后期，由于农业技术的创新发展，以及农业功能的拓展，观光农业、休闲农业、精致农业和生态农业相继发展起来。与此同时，创意产业的理念也在英国、澳大利亚等国家和地区形成并迅速在全球扩展。借助创意产业的思维逻辑和发展理念，人们有效地将科技和人文要素融入农业生产，进一步拓展农业功能、整合资源，把传统农业发展为融生产、生活、生态为一体的现代农业，即现在所谓的创意农业。例如番茄联合国，以番茄种植为主题的创意农业发展模式。创意农业学以美学经济理论、总部经济理论、战略资本理论、附加值文化理论、消费教育理论为理论基础，以附加值文化为理论核心，瞄准世界农业高新技术发展前沿，着力构建创意农业理论创新体系，为形成城乡经济社会发展一体化新格局提供有力支撑，推进社会主义新农村建设。附加值文化理论的出发点和着眼点是充分调动广大农民的积极性、主动性、创造性，大力培育农产品附加值文化，改善农村生活方式，改善农村生态环境，统筹城乡产业发展，不断发展农村社会生产力，达到农业增产、农民增收、农村繁荣，推动农村经济社会全面发展的目标。

六、主题农庄发展模式

休闲农庄的主题是规划设计的中心思想，也是休闲农庄企业文化的核心。确定主题，就是要突出休闲农庄的特色，营造具有吸引人气的氛围。整个休闲农庄的规划设计要时刻呼应主题，体现主题，突出主题特色农业文化的内涵。围绕庄园的田园景观、农业生产活动和特色农产品等吸引物，从景观性、体验性、休闲性、有机健康角度进行策划，定位景观农业体验、创意农业休闲等，开发出农业游、林果游、花卉游、渔业游、牧业游等不同特色的主题休闲活动。例如张裕爱斐堡国际酒庄，就是以葡萄种植为主题的欧洲文化发展模式。

七、都市农业发展模式

“都市农业”的概念是五六十年代，由美国的一些经济学家首先提出来的。都市农业是指地处都市及其延伸地带，紧密依托并服务于都市的农业。它是大都市中、都市郊区和大都市经济圈以内，以适应现代化都市生存与发展需要而形成的现代农业。都市农业是以生态绿色农业、观光休闲农业、市场创汇农业、高科技现代农业为标志，以农业高科技武装的园艺化、设施化、工厂化生产为主要手段，以大都市市场需求为导向，融生产性、生活性和生态性于一体，高质高效和可持续发展相结合的现代农业。都市农业是把第一产业、第二产业和第三产业结合在一起的新型交叉产业，它主要是利用农业资源、农业景观吸引游客前来观光、品尝、体验、娱乐、购物等，是一种文化性强、大自然情趣很浓的新型农业生产方式，体现了“城郊合一”“农游合一”的基本特点和发展方向。例如上海鲜花港，就是以花卉为主题的都市型农业发展模式。

八、农业综合体模式

农业综合体是以农业为主导，融合工业、旅游、创意、地产、会展、博览、文化、商贸、娱乐等三个以上产业的相关产业与支持产业，形成多功能、复合型、创新性产业结合体。农业综合体是区域经济社会发展到较为发达的新阶段，对长期以来，不断总结农业园区实践的基础上，提出的一个现代农业发展的新概念。它既脱胎于农业园区，又高于农业园区，可以说是现代农业园区的“升级版”。作为诞生于农业发展新阶段的新生事物，以新理念、新内涵、新模式、新机制、新使命彰显其鲜明的时代特征。例如蟹岛，就是以休闲农业为主题的综合体发展模式。

九、全产业链发展模式

现代农业的关键就是用现代产业体系提升农业，用现代经营形式推进农业，用现代发展理念引领农业。农业产业链就是在现代农业发展理念的指导下，开展的一种新的经营形式的产业体系。因此，农业产业链建设是我国现代农业的重要组成部分和产业支撑。发达国家如美国、加拿大、日本等，农业产业链发展已经达到了相当高的程度，美国绝大多数农户就是企业，其农业产业发展模式是“企业 + 企业 + 企业”，农业企业化运营过程已基本完成。从这些农业发达国家农业产业链的发展经历和经验来看，农业产业链管理主要内容包括农业专业化和集中化、农工商一体化、服务社会化、利益分配机制合理化等方面以及政府的推动作用。以全产业链视角布局营销战略，加强优势农产品品牌建设。以消费者为导向是全产业链战略的首要条件，而全产业链营销也是国际农产品品牌建设的主要模式。全产业链营销要求产业链上下游形成一个利益共同体，一方面把最末端消费者的需求通过市场机制和企业计划反馈到最前端的种植与养殖环节，推动各个环节形成整体竞争优势。另一方面，在营销环节将整个产业链上的所有产品同时向市场和消费者推广。这种营销模式能够使整个产业链上各个环节农产品的优势形成合力，打造让消费者满意和放心的大品牌形象，从而增强品牌的国际竞争力，增强农产品的国际竞争力。例如北京蔡家洼村，就是以乡村旅游为主题的全产业链发展模式。

十、农业公园发展模式

对于核心资源相对不突出的地方，农业公园模式是不错的选择。农业公园集新农村建设、农业旅游、农产品消费为一体，是中国乡村休闲和农业观光的升级版，属于农业旅游的高端形态，是一个更能体现和谐发展模式、简约生活理念、返璞归真追求的现代农业园林景观与休闲、度假、游憩、学习的规模化乡村旅游综合体。以解决三农问题为目标的现代新型农业旅游区，可以多区联动，亦可以单独园区，集新农村建设、农业旅游、农产品消费为一体，在农业内涵中融入城市公园的元素，从而使农业具有旅游观光、科技示范、休闲购物、怡情益智等多种功能。

通过农业公园的建设，将区域内的农业观光资源最大化，将现代农业与旅游休闲融为一体，其核心是区域的生态平衡性和生态水平。通过土地利用集约化方式，将现代农业与第三产业密切结合，使农业产业结构得到根本上的调整，形成规模化经营的综合现代生态农业公园，如山东兰陵·国家农业公园，河南中牟·国家农业公园，广东从化·大金峰百果园等。

第三节 旅游导向的美丽乡村开发主体

一、资源集中经营模式

资源集中经营是指在既定的区域范围内，由一个经营主体对该区域内的乡村旅游资源地进行统一规划、统一开发、统一管理和统一经营。从开发方面来看，就是对各个乡村旅游目的地进行统一大规模投入，以集中招标的方式进行；从管理方面来看，乡村旅游目的地实行的是“大管理”，地方管理按运行规则处于服从状态；从经营方面来看，就是采取统一的组织、各个乡村旅游目的地参与的方式进行宣传，统一安排设计旅游线路，统一安排各区域的游览时间。

二、资源分散经营模式

资源分散经营就是在既定的区域范围内，由多个经营主体对各乡村旅游目的地进行自主规划、自主开发、自主经营，自负盈亏，形成旅游分散决策的格局。从开发方面看，各个旅游景区按情况需求进行自主开发；从管理方面看，地方管理处于主导状态；从经营方面看，各个经营单位自主选择营销方式，按各自的方式进行经营。分散经营的制度安排带有明显的市场主导特征，最具典型的表现是利益启动、民营投资、自主决策，投资主体具有多元化和民营化的特征。资源分散经营模式包括“公司＋农户（＋社区）”开发模式、“政府＋公司＋农村旅游协会＋旅行社”开发模式、“农户＋农户”开发模式、股份制开发模式等。

“公司＋农户”开发模式，是通过引进有经济实力和市场经营能力的企业，进行公共基础设施建设和环境改善，指导乡村居民开发住宿、餐饮接待设施，组织村民开展民族风情、文化旅游活动，形成具有浓郁特色和吸引力的乡村旅游产品，吸引和招徕国内外旅游者。这种开发方式还可演化成“公司＋社区＋农户”模式，公司先与当地社区（如村委会）进行合作，通过村委会组织农户参与乡村旅游开发，公司一般不与农户直接合作，但农户接待服务、参与旅游开发则要经过公司的专业培训，并制定相关的规定，以规范农户的行为，保证接待服务水平，保障公司、农户和游客的利益。

“政府＋公司＋农村旅游协会＋旅行社”开发模式。这类乡村旅游开发发挥旅游产业链中各环节的优势，通过合理分享利益又各司其职，政府负责乡村旅游的规划和基础设施建设；乡村旅游公司负责经营管理和商业运作；农民旅游协会负责组织村民参与地方戏的表演、导游、工艺品的制作、提供住宿餐饮等，并负责维护和修缮各自的传统民居，协调公司与农民的利益；旅行社负责开拓市场，组织客源，避免乡村旅游开发过度商业化，保护本土文化，增强当地居民的自豪感，从而实现乡村旅游可持续发展。

“农户＋农户”的乡村旅游开发，源于农民对企业介入乡村旅游开发有一定的顾虑，大多数农户不愿把资金或土地交给公司来经营，他们更信任那些“示范户”。在“示范户”的带动下，农户们纷纷加入旅游接待的行列，这种开发通常投入较少，接待量有限，但乡村文化保留最真实，游客花费少还能体验最真的本地习俗和文化，是最受欢迎的乡村旅游形式。但受管理水平和资金投入的影响，旅游的带动效应有限。在开发乡村旅游时，可采取国家、集体和农户个体互相合作，把旅游资源、特殊技术、劳动量转化成股本，收益按股分红与按劳分红相结合，进行股份合作制经营。通过土地、技术、劳动等形式参与乡村旅游的开发。企业通过公积金的积累完成扩大再生产和乡村生态保护与恢复，以及相应旅游设施的建设与维护。通过公益金的形式投入到乡村的公益事业，如导游培训、旅行社经营和乡村旅游管理，以及维持社区居民参与机制的运行等，同时通过股金分红支付股东的股利分配。通过“股份制”的乡村旅游开发，把社区居民的责（任）、权（利）、利（益）有机结合起来，引导居民自觉参与他们赖以生存的生态资源的保护，从而保证乡村旅游的良性发展。

第四节　旅游导向的美丽乡村开发原则

根据乡村旅游与休闲农业旅游资源的特点，在旅游开发时应遵循以下原则，从而保证所有利益相关者的权利与权益得到保障。

一、论证先行，开发与保护相结合

乡村生态环境相当脆弱，尤其是西部地区，因此发展乡村旅游时应注意乡村生态环境的保护与建设，增强策划者、管理者、开发者、旅游者等相关人员的生态环境保护意识。在规划开发中，要注意保护乡村旅游目的地赖以生存的自然生态环境，避免过度开发的消极影响，做好环境保护规划，加强城镇设计、用地规划及污染控制，营造一个可持续性更强的旅游环境。根据不同旅游产品具有不同生命周期的特点，采取不用的开发策略，以延长旅游产品的生命周期，为区域旅游发展增添活力，增强区域旅游竞争力。此外，在旅游产品的开发过程中要优化旅游资源配置，处理好开发与保护的关系，注重旅游资源及其环境的保护，为开发的可持续化奠定良好的资源基础。在经营过程中，旅游管理部门和旅游企业要在管理方式和经营上不断探索与创新，对旅游产品进行提升与完善，适时推出适应市场需求的旅游产品，从而实现旅游的可持续发展。

部分农村地区在对乡村旅游没有认真了解的情况下，仅受部分成功者的示范效应影响就做出开发乡村旅游的决定，一不考虑市场需求，二不分析自身条件，形成了一哄而上的开发局面。为避免乡村旅游的盲目开发，需要切实加强规划发展保障体系。对于上级政府部门来说，首先要大力扶持，并且由农业、规划、旅游、林业、科技等部门联合开展研究，编制《农村地区乡村旅游发展规划》，进行宏观指导和调控。对于村级单位和经营者，要进行详细规划和项目论证，制定出具体的项目可行性研究报告。

二、市场导向、品牌战略

乡村旅游与休闲农业产品与其他旅游产品一样，是针对相应的市场需求而设计产生的，乡村旅游产品是否符合旅游者的需求是决定其开发是否成功的重要因素之一。乡村旅游开发要以市场为导向，进行充分的市场调查和分析，将市场需求和客观条件相结合，开发出各具特色、不同档次，适销对路的乡村旅游产品。

现实的旅游开发中有不少案例证明了市场导向原则的正确性，乡村旅游开发更是如此。如近几年，以地下画廊为代表的山东沂水县旅游，大力实施“政府主导、社会参与、市场化运作”的旅游发展战略，创造了经济欠发达和旅游资源相对贫乏地区发展旅游业的成功模式，被旅游界称之为“沂水现象”

以市场为导向首先必须树立市场意识，分析旅游者的旅游动机，开发出满足旅游者需求的乡村旅游产品。其次必须树立品牌意识，以品牌促进乡村旅游的发展。各地应根据自身的生态、文化、建筑、民俗等条件，创建并打响自身的特色化乡村旅游品牌。也可以根据市场情况创建、树立区域性品牌，以品牌促营销，以营销促发展。最后，为了能根据市场需求进行产品开发、提升与改进，乡村地区应定期对消费者和乡村旅游经营商进行调查。

三、因地制宜、回归本色，保存独特性

在市场导向的基础上，应结合本地资源特色，因地制宜、回归本色，保存独特性。乡村因其不同的历史、文化、经济和社会发展而呈现出不同的特征，而且都有一定的吸引力，但是我们必须在分析研究客源市场的基础上，选择具有独特吸引力的乡村进行旅游规划。特色是旅游产品活力之所在，是旅游吸引力的主要源泉和市场竞争的核心。在乡村旅游产品开发中，要深入挖掘那些原汁原味的乡土文化和生态环境，做到“人无我有”“人有我优”“人优我特”，不断突出其资源特色，开发具有垄断性的乡村旅游产品。

乡村本色是吸引旅游者进行乡村旅游的基础和前提，是乡村旅游整体推销的核心和独特卖点，是界定乡村旅游最根本的标志，也是吸引旅游开发商投资的核心竞争优势。乡村本色是基于乡村性的，因此弄清楚什么是乡村性是界定乡村旅游开发的关键。一般来说，“乡村性”包括地域辽阔、人口密度较低、以农业用地和林业用地等自然用地为主、建筑物占地面积少、经济活动简单、具有传统的社会文化、家庭和血缘观念重、人们具有保守心理等特征。乡村资源的价值在于其淳朴的乡村环境与幽静的乡村氛围，“淳朴”是乡村吸引力的关键所在。

四、整体开发与择优开发相结合

乡村旅游资源既具有形式多样、丰富多彩的特点，又是区域旅游资源的一个组成部分。要把乡村旅游资源的开发利用纳入区域旅游开发的系统工程中去，从区域旅游的角度出发，进行统筹安排、全面规划，从而形成统一的区域旅游路线，促进区域经济的发展。

由于资源的普遍性特点，在开发过程中容易造成产品替代、重复建设、投入多、产出少的局面，所以，乡村旅游产品的开发应在资源普查、综合比较论证的基础上，确定重点，择优开发。对于那些区位条件较优、交通条件较为便利，自然生态环境和人文环境相对较优以及当地居民有浓厚开发热情的乡村地区应给予优先开发，在政策、资金、技术等方面给予重点扶持，以创造特色品牌产品，保障其市场竞争力。

五、当地居民与社区参与、注重管理

人是组成乡村旅游资源最活跃的因素，在发展乡村旅游时要积极组织当地居民参加旅游服务，安排具有地方特色和民族特色的民俗文化旅游项目，使外来游客受到原汁原味的乡村文化氛围的感染。要加强对旅游从业人员的培训，熟悉旅游业务、学习行为规范、遵守旅游法规、提高服务质量、树立品牌意识和精品意识，吸收国内外发展乡村旅游的成功经验，努力建设一批具有示范作用的乡村旅游基地，并逐步推广。村民可向游客提供当地的传统食品以增加收入，可以生产工艺品向游客出售。保持民间工艺美术品的真实性对促进乡村旅游的健康发展，保护本地文化传统具有非常重要的意义。组织本地的歌舞表演增强游客的兴趣，歌舞表演的内容应该是具有当地特色的传统歌舞。可以把本地和附近地区的居民培养成为乡村旅游的导游，他们更能生动地讲解当地的各种情况，并能从中得到报酬。在有资金、技术和培训支持的情况下，要认真规划乡村旅游。鼓励那些真心实意想参与乡村旅游项目的村民来开展业务。开发乡村旅游的乡村应该把从该项活动中得到的部分收益用来改善乡村的旅游设施和提高服务质量。

六、以旅游促进新型城镇化

产业融合促城乡一体，规划先行助“城镇上山”。小城镇处于农村与城市之间，在城乡发展中具有承上启下的作用，既是工业化的重要载体，又是农业产业化的服务依托，对广大农村具有巨大的带动作用。

七、硬件建设与软件建设相结合

为传承传统风俗文化，凸显地方特色，在村庄建设中应充分挖掘地方文化。总结以往的村庄规划经验，我们发现，能否充分挖掘地方文化对规划成果至关重要。对地方文化挖掘越充分，规划成果越能被当地政府及村民所接受和认可，规划成果也越容易落地实施。村庄基础设施的建设不仅要考虑其实用性，也要将村庄文化特色纳入考虑范围。建筑风貌上村庄特色的保留，一些村庄特色设施的保留和提升，村庄美化工程中文化元素的融入等都应该在规划中有所体现。

八、高效集约利用土地和资金

长期以来，我国的村庄建设都是自发式的，缺乏政府部门控制和指导，用地粗放，一直是城乡规划建设和管理的薄弱环节。随着城乡规划法等法律法规的颁布和实施，村庄规划建设已经纳入城乡规划体系。同时，经过多年的“新农村”规划建设实践，亦积累了一定的经验与技术，通过编制相关规划引导村庄合理有序建设成为可能。大多数镇区及村庄都存在严重的土地浪费现象，如人均（户均）占地面积较大，空心村现象严重，土地资源利用低效等。同时，由于缺乏相关规划的控制和引导，村民往往通过占用村庄边缘的耕地甚至基本农田进行建设，而不是通过拆旧建新或是利用荒地、瘠地、劣地进行建设。这样一来，就形成村庄人口规模不断减少、村庄用地规模却在不断扩大的现象，与社会经济发展的客观规律严重不符，亟须在今后的工作中进行控制与引导。

第十章 旅游导向的美丽乡村策划与规划

第一节 规划总论

一、认识乡村旅游和休闲农业的规划

从改革开放伊始，我国旅游业走过了几十个春秋，也为中国的旅游规划事业提供了诸多的实践机会，乡村旅游和休闲农业的规划也在逐步成型。2013 年 10 月 1 日开始实施的《中华人民共和国旅游法》，第三章即是关于旅游规划和促进。其中第二十三条规定，促进旅游与工业、农业、商业、文化、卫生、体育、科教等领域的融合，这为旅游规划以及乡村旅游和休闲农业的规划提供了法律依据。

乡村旅游规划的概念，唐代剑认为，乡村旅游规划是根据乡村旅游发展规律和市场特点制定目标，以及为实现这一目标而进行的各项旅游要素的统筹部署和具体安排。

乡村旅游与休闲农业的规划是旅游规划的一种，是区域旅游规划在乡村、郊野等乡村特征明显的区域内的具体实践，除兼具有区域旅游规划的特点和属性外，还具有其自身独有的规律和特征。

二、规划编制流程

我国的规划编制工作，一般是三方参与、六个阶段。三方分别是政府主管部门、规划的委托方、规划的被委托方（编制方）。其中，政府主管部门是指规划区域所在地的旅游主管部门；委托方是旅游规划需求方，又称甲方。

三、规划的分类、年限、任务要点及内容

（一）区域乡村旅游规划的分类

区域乡村旅游规划以《旅游规划通则》国家标准为主要依据，并结合近

年旅游规划新的理论研究。据吴必虎中，从空间（范围大小和产品功能）和时间（乡村旅游成熟程度）相结合的角度，将乡村旅游规划归纳为时一空二维体系。由于乡村的特殊性，这里的区域乡村旅游规划包含的范围为乡镇及以上尺度；而乡村旅游点（园、区）则是乡镇以下或单个园、区。

（二）区域乡村旅游规划的年限

区域乡村旅游规划年限一般都是根据国家的“五年规划”和其他中远期规划来划定的，而一般规划的制定都是在国家每个五年规划后才制定，中间有 1—2 年的时间差。所以本文将规划的年限划分为：近期（1—2 年），中期（3—9 年），远期（10 年及以上）三个阶段。

（三）乡村旅游规划的任务要点和内容

1. 区域乡村旅游规划任务要点和内容

区域乡村旅游规划任务要点：确定乡村旅游在区域的经济的地位，提出乡村旅游的发展目标，提出区域乡村旅游形象定位，核定乡村旅游业的发展规模、要素结构和空间布局，为旅游业提供有效的支持系统。

区域乡村旅游规划的内容：分析规划区乡村旅游业的发展历史、优势与制约要素，以及与相关规划的衔接；分析规划区的客源市场需求总量、地域结构、消费结构以及其他结构，预测规划期内客源市场需求总量、地域结构、消费结构及其他结构；提出区域的乡村旅游主题形象和发展战略；提出乡村旅游业发展目标及其依据；结合国内外乡村旅游发展成果，明确乡村旅游产品开发的方向、特色与主要内容；提出旅游业发展的重点项目，对其空间及时序做出安排；提出要素结构、空间布局及供给要素的原则和方法；按照可持续原则，注重保护、开发、利用的关系，提出合理的措施；提出规划实施的保障措施；对规划实施总体投资分析，主要包括旅游设施建设、配套基础设施、乡村旅游市场开发、人力资源开发等方面的投入与产出分析。

2. 乡村旅游点（园、区）规划任务要点和内容

乡村旅游点（园、区）规划任务要点：分析乡村旅游点客源市场，确定旅游区的主题形象，划定乡村旅游点的用地范围及空间布局，安排旅游区基础设施内容并提出开发措施；以总规为依据，详细规定区内建设用地的各项控制指标和其他规划管理要求，为区内一切开发建设活动提供指导，还包括指导各项建筑和工程设施的设计和施工。

乡村旅游点（园、区）规划包括的内容（见规划体系示例）：各级部门政策解读，规划区的资源调查、评价和区域的社会经济发展背景分析，客源市场的定位与预测，SWOT 分析，根据分析制定乡村旅游点（园、区）发展战

略目标和发展定位，确定功能分区、空间布局，乡村旅游点（园、区）形象、重点产品的策划，旅游产业要素的规划，旅游线路设计，基础设施规划，旅游保障体系，旅游投融资规划，项目开发时序等。

四、规划依据

乡村旅游规划的依据按照法律效力和针对性分为三大类：法律法规、国家标准、指导性文件。

五、乡村旅游规划的原则

乡村旅游规划是一项科学性与创意性共存的活动，为了让创意更加科学地落地，所以在编制乡村旅游规划过程中需要坚持以下原则：

（一）生态文明原则

党的十七大报告提出："建设生态文明，基本形成节约能源资源和保护生态环境的产业结构、增长方式和消费模式"。党的十八大报告提出："面对资源约束趋紧、环境污染严重、生态系统退化的严峻形势，必须树立尊重自然、顺应自然、保护自然的生态文明理念，把生态文明建设放在突出地位，融入经济建设、政治建设、文化建设、社会建设各方面和全过程，努力建设美丽中国，实现中华民族永续发展。"报告进一步深化了生态文明的内涵，乡村作为城市生态的屏障和涵养区，在规划开发中一定要尊重乡村独有的生态系统。

（二）特色原则

不同类型的乡村地区，由于其历史、文化、经济和社会发展状况各异，而呈现出各种不同的特征，应该说它们都有一定的吸引力。但是，必须在研究客源市场的基础上，选择那些具有独特吸引力的乡村进行旅游规划。我国幅员辽阔，乡村自然背景、人文环境复杂，有些乡村有着非常传统的历史文化，在一定区域内有明显的特色。如莱西市中庄扶村的仙足山景区，道教文化和佛教文化共融一地，既有以"张果老之仙足印"传说为代表的道教文化，也有以观音寺为代表的佛教文化，观音寺建成后结束了莱西市无寺院的历史，为信众提供了合法的宗教活动场所。这在区域内有良好的影响力，具备了规划开发乡村旅游的资源优势。

（三）乡土性原则

因地制宜主要指的是要在乡村旅游规划过程中对乡土性要充分保留并适当进行发展。比如乡间的小道、乡村水井、牛车马车、民居等，不能盲目地破坏这些作为乡村最核心的资源。在卫生方面，规划乡村旅游时要充分考虑解决。

（四）社区居民参与原则

在规划过程中要充分认识到规划区乡村现有的社会结构，尤其一些地方的留守妇女、留守老人，他们是乡村日常主要的劳动力。针对这样的社会结构，可以适当策划一些适合让社区居民参与其中的乡村旅游活动或项目。比如农家餐饮和乡村传统文娱活动的开展。

（五）利益均衡原则

乡村旅游作为新农村建设和乡村经济发展的一种模式，目的之一就在于提高目的地社区居民的生活质量，通过发展旅游为当地居民找到一条致富之路，这也是旅游业可持续发展的重要方面。发展旅游具有多种功能，发展地方经济、提高当地居民的收入和生活质量、使开发商获得合理的利益回报、保护环境与资源等等，因此，利益均衡是乡村旅游规划的重要原则之一。特别要关注当地社区居民和非人类利益相关者（资源、环境等）的利益，如果这些弱势群体的利益得不到充分的关注，既不利于规划的实施，也违背了发展旅游的初衷。只有遵循利益均衡原则，协调好社区居民与政府、投资人、旅游者之间的利益关系，才能使社区居民积极参与到当地的旅游开发与建设中；只有充分保护和进一步培育好规划区的环境，才能够使规划区旅游得到良性的持续发展。

在利益均衡原则指导下，乡村利益是需要特别关注的一环。游客在乡村旅游中，可以参观游览乡村风景，也可以体验农民的日常生活，参与农民的田间劳动，但是这些活动都不能干扰他们的正常生活，要保证旅游规划顺应当地村民的生活方式。

六、乡村旅游规划技术线路

规划技术路线是规划过程中所要遵循的一定逻辑关系，其中包含了规划的主要内容和制定规划的基本步骤。到现在为止，国内外还没有专门针对乡村旅游规划的技术路线，而针对一般的旅游规划技术路线，很多专家提出了众多方案，这些方案各具特色，但基本思路大体一致，这为乡村旅游规划技术路线的制定提供了参考。根据旅游规划的一般性要求，以及对乡村旅游规划的实际需要，乡村旅游规划的过程一般分为五个阶段：工作准备阶段、基础研究阶段、大纲制定阶段、规划编制阶段、组织实施阶段。

第二节 背景分析

一、乡村旅游地总体现状分析

乡村旅游地总体现状分析，主要是对相关乡村旅游的方面进行梳理，包括乡村旅游地自然地理概况、乡村旅游人文历史的挖掘、区位交通现状和规划分析、区域农业发展基础、区域社会经济发展总体状况、旅游业发展状况、周边同类项目分析等。

二、乡村旅游资源之多样化游憩机会发展

乡村旅游规划的核心是乡村旅游产品的开发和组织，而乡村旅游资源则是乡村旅游产品的原料和形成基础。乡村旅游业的发展很大程度上依赖于旅游资源的开发利用。不同学者通过不同角度对乡村旅游资源进行评价，由于乡村旅游和休闲农业的特殊性，本文采用农业资源之多样化游憩机会发展。

乡村旅游资源多样化的游憩机会发展通过单项资源不同的形式发展、游憩机会的发展、种类列举三个维度来呈现。其中游憩机会的发展分为：基本生活层次、活动发展层次、感官体验层次。

三、客源市场分析

（一）细分市场

1. 按照距离细分

乡村旅游客源具有本地性，基本上是就近的城镇居民利用周末双休日出行的选择业态，不过随着高速公路网线、高铁的发展，为距离客源市场远但交通便利的乡村旅游点（园、区）提供了新的机会。

2. 按照市场特征细分

乡村旅游市场细分也就是将全部旅游市场依据旅游者的某种或某些特点划分为不同的细分市场。综合年龄、收入、出游特征、出游方式和对旅游产品的需求。

（二）乡村旅游目标市场的定位

乡村旅游目标市场的定位是根据大区域旅游市场的走向，在充分把握规划区旅游资源、产品现状的基础上，对目标市场进行定位，对未来市场变化进行预测。

1. 区位定位法

由于距离衰减规律的影响，旅游目标市场定位时首先要考虑距离因素，乡村旅游规划中需要考虑的是规划区有与目标客源市场的距离，比如规划区靠近人气兴旺的景区或邻近规模不小的城镇。由于规划区的可进入性也是影响旅游区的能否开发成功的重要因素，所以规划区的客源市场可能因为交通的便捷程度突破原有的“圈层市场”的状态，例如国道沿线的乡村。

2. 经济发展水平定位法

乡村旅游市场定位时不可忽视客源地的经济发展水平，因为经济水平决定着客源地的居民是否有财力出游，即出游率有多大。规划区的一级客源市场是该规划区依托的城镇、景区，因为他们的财力相对丰厚，出游率相对较高。

3. 吸引力定位法

客源地与规划区内资源之间的差异越大，规划区对客源地的吸引力就越大。在乡村资源中主要表现在：气候、生态、文化等。根据资源的差异性，对目标客源进行差异性定位。

在空间上，吴必虎、唐俊雅等根据 20 世纪 90 年代对中国国内游客市场的分布和出游规律的研究，总结出了城市居民出游率随出行距离变化的曲线，它阐述了中国城市居民旅游和休闲出游市场，随距离增加而衰减；80% 的出游市场集中在距离城市 500 公里以内的范围。

从区位上来看，考虑建立在 2 小时车程以内的城市近郊和道路条件良好的地区，能让游客用最短的时间到达，并有充裕的时间来进行游览的乡村旅游地最具优势。可将乡村旅游客源市场定位于 100 公里以内的城镇居民，从经济发展水平来看，主要以城镇的商务人士、白领族、学生市场、家庭出游、银发市场为主，旅游方式以散客和家庭式出游为主，团队旅游较少，“一至二日游”为主。从吸引力强弱来看，气候和生态方面要求规划区在春季可以踏青，在夏季可以避暑，在秋冬季节可以躲避空气污染。乡村文化方面要求规划区乡村物质文化、乡村制度文化和乡村精神文化单一或综合独具特色。

（三）乡村旅游市场的预测

乡村旅游市场预测是关乎乡村旅游可行性的重要一环，旅游市场预测是根据一系列历史资料，结合旅游规划的各种内容，对旅游需求的未来做出预测。乡村旅游市场的预测分为有历史数据和新开发乡村旅游点（园、区）两种类型。其中预测方法上可分为定量和定性两种。

1. 定量预测法

Van Doorn 和 Van Vught 将各家的预测方法归纳为 4 种基本类型，即探研预测、推演预测、标准预测和综合预测。

其中时间序列模型认为，变量的现值只与该变量的过去值和现值以及过去的随机扰动项有关。它的重点在于充分利用变量过去值的信息，通过复杂的外推技术来预测该变量的未来值。虽然这种方法广泛应用与旅游规划中，但随着预测期的延长，它的准确性和可靠性迅速下降，因此不太适用于中长期的预测。

在最近的研究中，许多学者开始将人工智能方法（AI）运用到旅游需求预测中，并提出神经网络模型、粗糙理论、模糊时序分析和灰色理论、遗传算法等等。

2. 定性预测法

定性研究方法在高层次的决策制定过程中发挥着定量方法无法比拟的作用。基于市场营销学中的定性研究技术，在旅游需求中主要使用的定性预测方法包括：专家意见法、纵向研究法、情景预测法等。

其中专家意见法是依据专家的直觉判断，是在缺乏历史数据或动向数据的情况下，进行未来预测的一种方法。乡村旅游规划比较适合在专家意见法的基础上采用部分定量方法来进行预测。

（四）乡村旅游规划区环境承载力测算

承载力指某一特定环境条件下（主要指生存空间、营养物质、阳光等生态因子的组合）某种生物个体存在数量的最高极限，也可以理解为在一定环境条件下某种生物个体可存活的最大数量。景区应当公布景区主管部门核定的最大承载量，制定和实施旅游者流量控制方案，并可以采取门票预约等方式，对景区接待旅游者的数量进行控制。在乡村旅游规划过程中可以作为参考。

乡村旅游环境承载力是一个综合性的概念。包括四个方面：资源空间、经济设施空间、生态环境、社会心理承载力。

乡村旅游环境承载力的概念为：反映乡村旅游地当地居民、当地环境、旅游者三者和谐可持续发展能力的特性总和。

第三节 发展目标与战略

未来的乡村发展规划要致力于从居住环境、基础设施、公共服务、产业构建、乡风民俗、保障体系等各个方面实现乡村社会质的提升，尤其要注重产业优先发展和旅游业、乡风、保障体系建设，借助当下国家惠农发展的诸多战略东风，实现“美丽中国”的“美丽乡村”梦。

具体在乡村旅游发展中采取何种战略取决于对前文的各项分析的结论与乡村旅游的前沿理论的结合。

一、发展目标

乡村旅游点（园、区）发展目标就是确定其文化主题、功能定位、产品体系、景观体系、品级目标、产业目标。

目标分为总体目标和分期目标，其中总体目标是指规划期内的对乡村旅游点（园、区）的目标定位，而分期目标则是将规划区按照规划的分期细化目标，更利于目标的执行和实现。

二、发展战略

（一）以人为本战略

农民作为社会相对弱势的群体，在过去的若干年为全社会做出了不可磨灭的贡献。在国家提出一系列的重农富农政策大契机下，要充分尊重当地居民的意愿。在规划中广泛采纳居民的意见，充分发扬民主，重视乡村政治文明的建设。

除了重视乡村居民外，还要重视乡村旅游者。乡村旅游者是乡村旅游得以实现的不可或缺的市场需求方，在规划中挖掘客源市场的潜在需求，为乡村旅游者提供更好的体验。

（二）产业集聚战略

农业是农民赖以生存的根本，随着生产技术和产业纵深发展，各大产业的界限越来越模糊，在原来的产业基础上，形成更多的交叉产业。乡村旅游规划中应该坚持产业集聚战略，发展“全产业链”模式。其中农业以品牌化、特色化、优势化为目标；工业以当地农业初级产品为原料进行深加工，展现工业生产流程，发展乡村工业旅游；第三产业发展休闲农业，创意农业园区等。

（三）短程市场优先战略

乡村旅游在开发初期，资源吸引力只能对距离相对较短的市场产生吸引力，随着不断的开发建设和市场营销的推进，客源市场会不断扩大。坚持短程市场优先战略是以短程市场的旅游者的审美标准和等级标准进行评价，旅游形象定位突出最吸引短程旅游者的形象要素。

（四）差异化发展战略

一个区域内的乡村可能在生态环境和民风民俗等资源条件处于同一体系，这就要求乡村旅游规划时注重差异化发展战略。差异化战略不仅体现在对资源的挖掘上的差异化，还表现在对旅游基础好坏和当地经济实力以及当地融资的难易程度进行差异化发展战略。

第四节 空间布局和功能分区

一、乡村旅游空间布局

我国乡村旅游空间结构发展还处于起步阶段。在宏观方面，中国乡村旅游空间基本上以省区为地域单元自成空间体系。省域范围内，通过旅游交通线路与城市构成“点一轴”式空间结构，乡村旅游地之间的横向联系较少，在中西部地区表现尤为显著。而在远离城市的广大乡村地区，受到地理区位、道路交通、经济基础等方面的制约，乡村旅游地数量少、密度小，而且规模一般都不大，这类乡村旅游地的空间布局呈“离散型”特征。

乡村旅游区的空间布局主要类型有：都市郊区型（区位条件优越、交通便利、自然生态环境良好）、景区周边型（依托大型景区的辐射效应，与景区形成资源、功能互补，与景区资源联动开发，可逐步转化为独立资源型）和独立资源型（资源特色鲜明、旅游吸引力强大、城市化倾向明显）。乡村旅游地在大、中城市周围的分布总体上呈距离衰减趋势（除了在开始的30km内），即与城市的距离越远，乡村旅游地分布越少。84%的旅游地集中在距城市100km范围内。

二、功能分区

乡村旅游功能分区是旅游区的一种，是在对乡村旅游点（园、区）进行等级划分时产生出来的某个等级的旅游区。旅游功能分区的确定就是根据地理位置、交通区位、资源禀赋、开发现状、市场现状和未来发展趋势，确定各个旅游功能区的范围和界限，方便客观地了解各个功能分区的不同性质和特征，查明区域内的旅游业基本优势，从而在整个大区内扬长避短、整合优势、合理分工，明确功能分区的性质、特征和地位。

（一）功能分区的原则

1. 突出分区主题原则

通过各分区的自然景观（地质地貌条件）、建筑风格、景观设计、服务方式、节庆事件等来塑造该分区主题形象。一般分区都会有至少两个核心的项目来支撑该分区的主题形象。

2. 集中功能单元原则

对娱乐、商业设施等，采取相对集中的布局，既能够使各类服务综合体在空间上形成聚集效应，又能防止对自然景观造成视觉的污染。游客中心集中了游客集散、旅游购物等功能；运动度假区集中了景区主要的运动项目，如滑雪滑草和漂流的起始点和终点等。

3. 合理规划动、视线原则

连接各旅游区交通线路的规划应充分考虑旅游过程中的游客心理特性，以实现符合人体工程学的有效动线规划。在景区内部交通网络应高效且布局化，尤其是时尚田园中各水果园的路径与园林景观的有效设置，并在景区内根据线路的长短，提倡步行和配置相应的自行车和电瓶车等交通工具。空间布局应尽量考虑旅游者观赏视线上的层次性，在分区内布置有效的观景系统和视线走廊。

（二）功能分区的标准

1. 具有明确的资源特征、开发方向和深厚的开发潜力，分区内部联系紧密，空间结构体系完整。

2. 具有科学明显的地域分界线和范围界定，便于划区管理和经营。

3. 区域内交通便利，交通体系完善，尤其是乡村的游步道不刻意设置。

4. 分区的实现有利于对项目开发，便于项目的落地。

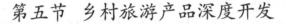

第五节 乡村旅游产品深度开发

一、理论依据

（一）可持续发展理论

乡村旅游的可持续发展是指生态保护、经济发展、社会和谐的旅游发展理论。它在推动旅游业发展的同时，可以维持乡村旅游资源的合理、永续利用，保护和改善乡村生态平衡。乡村旅游的可持续发展还能带动农村经济的发展，增加农民收入，改变农村贫穷落后的状况，为今后农村经济的持续增长增加了新的动力。改变传统的发展观念、杜绝短期行为是实施乡村旅游可持续发展的根本保证。所以，在推进乡村旅游的可持续发展过程中，必须综合考虑乡村旅游在乡村生态、乡村社会文化、乡村经济三方面具体实施环节。乡村旅游产品与可持续发展理论的结合需要解决的问题有：规划区的生态、社会文化以及经济的可持续发展。

（二）体验经济理论

旅游学家 Prentice 将体验旅游归纳为五种理论，即：体验标准理论、目标行为理论、局内—局外人理论、多类型理论和体验等级理论，分别回答了体验旅游三个层次的问题：

1. 体验标准理论区分出体验旅游与一般旅游，是设计体验项目、开展体验旅游的理论依据；

2. 目标行为理论和局内—局外人理论，解释了体验旅游的产生和行为模式，为认识旅游者感知和局外人感知提供了理论依据，对于体验旅游的促销和营销具有重要意义；

3. 体验类型理论和体验等级理论是体验旅游的核心理论，为旅游景点开发、活动项目设施，经营和组织体验旅游，提高体验效果提供了理论依据。

（三）文化营销理论

对于乡村来说，乡村文化是乡村旅游的灵魂，发展乡村旅游是传承和弘扬乡村文化的重要渠道之一，这就要求在乡村旅游产品的深度开发中注重文化差异、增加文化含量、形成文化竞争力。

乡村人口的流失和城市文明的流入，对乡村文化造成不小的威胁，在一味地寻求经济利益的驱动下发展乡村旅游，往往忽视了区域特有的文化内涵和价值，盲目追求城市现代文明的生活方式，致使乡土文化遭到了侵蚀破坏。因此，充分挖掘和应用农耕文化、乡土习俗等，将其充分保护基础上通过精心设计和安排，将独特文化作为元素、要素融入产品设计、旅游活动和旅游线路中成为深度发展乡村旅游产品的一个重要课题。这一课题的破题之道在于做好文化营销，具体来说，就是在乡村旅游的文化开发和文化营销中注意到：一是物化的体验性，如饮食品尝、歌舞观赏、土特产品购买、各种田园活动等；二是制度上的参与性，如节庆活动、婚俗过程、地方娱乐和竞技参与等；三则是加强精神上的感知性，如在旅游参与过程中，通过游客对原居民的群体特性的各种感受使游客在不知不觉中了解、学习我国的传统文化，产生综合的、良好的旅游效益。

二、产品策划

作为乡村旅游的核心吸引物——乡村旅游产品的问题是制约和影响乡村旅游发展的关键性问题。乡村旅游亟待解决产品定位趋同化、产品层次粗浅化等问题，目前乡村旅游发展中的关键问题就是乡村旅游产业升级和产品的升级。在产品设计中要突出乡村性、生态性、休闲性。其中产品体系可以分为：考察型、观光型、体育休闲型、度假娱乐型。

第六节 产业要素规划

一、餐饮规划

餐饮是旅游活动的重要内容和旅游收入的重要来源，也是旅游地形象的重要方面和旅游商贸业的重要组成部分。因此，旅游餐饮规划对增强游客旅游效果、增加旅游效益相当重要，尤其是特色餐饮策划成功与否不仅会影响到当地旅游形象的好坏，同时还将影响到以“吃、住、行、游、购、娱”为六要素的旅游系统的正常运行。

（一）餐饮现状

对规划区及区域内现有的餐饮种类和餐饮设施进行调查、分类，重视乡村“土”菜和源自乡村原材料餐饮的发展现状。

（二）餐饮设施规划

坚持“大众集中、特色分散”原则，即是将餐饮设施设置在客流量较大的区域，并且在各项目分区提供具有分区特色的餐饮服务。逐步形成点、线、面相结合的餐饮体系空间布局。

（三）餐饮规划要点

打好“生态牌”，重点发展农家餐饮。随着城市居民对自身健康状况的日益重视，他们的饮食习惯有了较大的改变，以粗粮、杂粮、素食为主的农家饭菜越来越得到众多城市居民的喜爱。乡村旅游可以利用农林业资源建立旅游食品生产、供应基地，开发无公害食品、药膳保健食品等农家餐饮品种。大力发展绿色生态食品产业，打好“生态牌”，形成乡村旅游的特色餐饮。

餐饮服务的规范管理实现“四统一”，即：统一经营标识、统一食品自检、统一台账管理、统一卫生标准。

餐饮服务档次分配适中，保证满足大众游客的需求，景区规划的禅修谷养生菜和素食可提供给高端需求人群。

二、住宿规划

（一）住宿现状

对现有的住宿进行调查和评估。

（二）住宿设施规划

对原有的设施进行整改，保留特色与功能完善同样重要。根据不同游客的旅游需求，可以适当考虑增加乡村旅游高级别的住宿设施。随着露营和房车出行规模的不断壮大，可以在乡村旅游点（园、区）增加类似这样的设置。

三、旅游商品规划

（一）旅游商品设计原则

1. 便于携带原则

乡村旅游商品是游客在游玩途中购买的产品，考虑到旅游的特性，旅游商品的设计不适宜大和重，便于携带是原则之一。旅游商品的设计应以小巧轻便为佳。设计是要结合当地的特色，又要考虑到游客的实际情况。

2. 体现文化内涵原则

文化性是旅游商品的核心和灵魂，实践证明，文化内涵越深、文化特征越鲜明、文化品格越高的商品，其价值就越高，也就更受游客欢迎。

3. 生态性原则

从旅游纪念品材料的选择、整体设计风格到包装材料的选择等都要以生态性原则为准则，只有这样，才能使旅游区经济效益、社会效益与生态效益统一起来。随着生态文明建设的不断深入，生态良好可能成为影响游客做出旅游成行的主要原因。

（二）旅游商品规划

对旅游商品的性质进行探索。

1. 旅游纪念品

这类旅游商品主要以体现地方传统风格为主，带有纪念性，品种丰富、类型多样，可将地方特色的象征物、标志物为原型进行制作。通常包括特色服饰、鞋帽、纪念章、微缩标志物、象征物等，是游客留作纪念或馈赠朋友的首选。

2. 地方土特产品

这类旅游商品很受游客青睐。仙足山景区这方面的资源丰富而独特，大致可以分为三类：食品类、中草药类、干鲜果类。具有代表性的产品包括果桑、板栗等。

3. 旅游宣传品

旅游宣传品具有图文并茂、精美大方、实用性强、可长时间保存的特点，对旅游产品的宣传和促销具有重要的作用。常见的旅游宣传品有光盘、冰箱贴、旅游手册、活页宣传品、信封、挂历、明信片等。

4. 旅游日常用品

这类旅游商品是旅游者在旅游活动过程中所必需的日常用品。如鞋帽衣服、洗漱用品、箱包、雨具、手杖、刀剪、防寒防暑用品、急救用品等。

四、旅游娱乐活动规划

（一）旅游娱乐活动现状

区域内的民俗节事，农业相关的现代节庆活动。

（二）旅游娱乐活动规划

以“寓教于乐，悦心悦志，因地制宜，把握方向”为规划理念，整理挖掘区域内特色鲜明的民间艺术和民风习俗，打造游客喜欢的文化娱乐产品，丰富游客的旅游生活；加强服务管理，引领文化娱乐活动向“积极、健康、规范”的方向发展。不断丰富旅游娱乐节事，完善娱乐配套设施。

第七节 形象策划与市场营销

一、TIS旅游形象策划

TIS由理念基础（Mind Identity，简称MI）、行为准则（Behavior Identity，简称BI、视觉形象（Visual Identity，简称VI）、听觉形象（Hear Identity，简称HI）和风情识别（Folk Identity，简称FI）五个部分组成，其中MI是旅游MIS的基础、核心和灵魂；BI是旅游CIS的动态行为过程；VI则是具体化、视觉化的传递形式；HI是听觉的强化；FI是体验的强化过程。

在一个形象传播的商业时代，乡村旅游地同其他旅游地一样，具有品牌化、企业化、商品化的发展趋势。因此，乡村旅游地需要进行形象设计，使其内部形成一个“共同体”，外部成为既追求“利润”又具有良好社会形象的旅游点。这就要求有明确的理念基础和行为准则，再通过相应的视觉形象、听觉形象和风情识别设计，形成面向社会的宣传系统，以形象导向促进“行销”，成为众所周知并愿意与之“交易”的信得过的旅游目的地。

（一）理念基础（MI）

得到社会广泛认同的、能够代表乡村旅游地自身独特个性、能够使目的地协调和可持续发展而构建的反应乡村旅游整体的明确的主题理念的体系。集中体现为乡村旅游点（园、区）发展的口号。

主题理念是旅游地规划内容的核心和灵魂，对旅游产品的策划起到了提纲挈领的定位作用。确定乡村旅游主题理念的目的是统领乡村旅游规划开发过程。主题理念源于规划区融在当地人们生活中的，可以让外来者立刻感触到的新鲜而独特的乡村文化氛围，对乡村的历史文化进行认真阅读和提炼，准确而深刻地总结该乡村的基本风格，找到这个地方的自然和文化的历史进程及两者相适应所形成的地方特色和地方含义。包括对乡村自然地理特征、历史文化特征、民族民俗文化的研究以及相应的市场分析，形成乡村旅游规划开发的主题，后续的乡村旅游产品规划开发也都要围绕这一主题。

（二）视觉识别（VI）

1. 硬件设施方面

所有的建筑物要与当地的生态环境协调，道路依地势而建，做到错落有致，选材力求使用当地的原始材料。对个别必备的设施设备或建筑要进行包装伪装，如生态厕所外观和音响设备等。

2. 文化内涵方面

VI 的直接要素构成包括：乡村旅游点名称、纪念品、LOCO 及应用（标准色、标准字体），以及员工的视觉性规范行为、固定项目的视觉识别和活动型因素的视觉识别等，已形成相对强烈的内外感应气氛，并通过明确而又符合社会心理要求的形象，使用一定的传播程序，把休闲产品推向社会，形成轰动效应和持续效应。

（三）行为准则（BI）

行为识别系统是对内部员工的行为准则、外部行为准则。管理者要秉承保护原则、管理高效原则和细致入微原则来实施对员工的管理，把员工培养成具有旅游区环境保护、工作高效尽职和热情体贴的优秀代表，时刻向外界传达最好最完整的信息。

（四）听觉形象（HI）

听觉识别系统亦称听觉形象统一化，是通过听觉刺激传达企业理念、品牌形象的识别系统。听觉刺激在公众头脑中产生的记忆和视觉相比毫不逊色，从理论上看，听觉占人类获取信息的 11%，是一个非常重要的传播渠道。

听觉形象以方言土语和音乐曲艺为载体，方言土语在旅游者与规划区当地居民的交流中能引起旅游者的重视，独具特色的民歌或曲艺唱法能够对旅游者形成影响，为树立乡村旅游形象提供支持。

（五）风情识别（FI）

风情识别是指以乡村最具有代表性的风土人情进行物化呈现，如节日和文化。

二、乡村旅游整合营销策划

（一）形象广告传播

目前，受众率最广的形象广告载体依然是电视媒体，乡村旅游点（园、区）可选择在几个最主要的客源输出地城市电视台进行广告宣传，同时辅以广播、报纸、杂志等相对比较便宜的平面媒体，以形成更为严密的宣传网络。除此之外，还可借助周边地区的大众生活报刊、单独或组团到国内重要城市举办展览、委托前往国外进行生态交流活动等实现形象传播的目标。

（二）公共关系传播

地区形象公关的基本策略包括制造和发布新闻，举办有影响力的活动及游说活动等，是一种低投入、高产出的传播方式，与生态旅游倡导绿色、集约化的运营模式相契合。

（三）网络媒介传播

网络传播因其低成本、无时间限制，已经成为最有效、最普及的旅游形象传播手段之一。网站建设是信息传播最主要的途径，随着微博、微信等自媒体和移动互联网的发展，网络媒介传播的性价比更高。另外网络媒体如搜狐旅游、新浪旅游、中国网络电视台旅游台、新华网旅游频道等都是很好的网络传播媒介。

（四）其他传播途径

书籍、挂历、邮票、电影等都可以作为形象传播的手段。可利用休闲度假者获取信息的其他方式进行传播，如通过拍摄相关电视纪录片、征集和录制歌曲、制作历史文化性明信片等。

第十一章 我国乡村生态化旅游发展模式的构建与优化

第一节 我国乡村生态化旅游发展模式分析

随着社会的不断发展，人们的需求在原有基础上有了新的更新与转变，越来越多的人渴望实现物质享受与精神追求的融合。大多城市居民厌倦了忙碌的都市生活，更加向往清闲安逸的乡村生活，乡村旅游业得到了快速发展。作为体验式服务推陈的新热点，我国乡村生态旅游建设得到了社会各界人士的关注，国家政策也在政策上对乡村旅游业做出支持。乡村生态化旅游显现出地理邻近性和产业关联性两个基本特征，即乡村生态化旅游的各主体在空间上相邻且各主体之间相互联系。

乡村生态化旅游的优势在于各行业间的合作与竞争，其目标在于增加经济效益。乡村生态化旅游属于关联性较强的行业，与其关联互动的不仅包括乡村内部的互动，同时也包括与关联企业的合作。发展乡村生态化旅游需要遵循可持续发展、打造绿色生态乡村旅游业的发展原则，这要求乡村生态旅游的发展要以保护自然生态环境为基础，尽可能保留乡村的原始地貌，本着人与自然和谐相处的原则，对乡村旅游区的景观进行规划，力求打造一个地区风味浓厚且生态环境优美的乡村生态旅游目的地。

发展乡村生态化旅游需要在全面了解其含义的基础下，结合正确的发展模式，这样才能更好地开发并保护乡村的资源，使乡村生态化旅游为乡村带来更多社会经济效益，从而促进新农村的建设。因此，探讨我国乡村生态化旅游发展模式是有必要的，本文就乡村旅游开发与生态文明建设融合和乡村生态化旅游发展的制约因素进行分析，从而再具体对农家乐型乡村生态旅游、依托景区型乡村生态旅游、特色民族风情型乡村生态旅游、农业观光型乡村生态旅游四种发展模式进行具体讨论，最后对提倡乡村生态化旅游的现实意义进行论述。

一、乡村旅游开发与生态文明建设融合

乡村旅游的开发与生态文明的建设从理论的角度看，两者相辅相成、互为条件。生态文明的建设离不开作为基本组成部分的乡村旅游开发，也需要乡村旅游作为其的推力。而乡村旅游发展的最终目标为生态文明，因为乡村旅游是在保护环境的基础上促进乡村经济发展，其整体发展趋势最终会完全接近生态文明。然而在实际发展中，乡村旅游开发与生态文明建设由于性质的不同，存在不少矛盾。

乡村旅游开发主要指为提升乡村旅游的吸引力、满足旅游者需求、发展乡村经济的一种市场行为。市场行为的内容较为复杂，但其目标较为一致，即交换市场商品实现旅游企业利润最大化。在发展乡村旅游时，旅游企业为了实现利润最大化，往往会在决策过程中将经济效益放在首位，盲目发展旅游项目。因此，在乡村旅游的开发过程中，容易对环境造成破坏，损害当地的生态文明，并与其他利益主体之间产生矛盾。例如，旅游企业将乡村居民全部搬迁，看似合理的决策，却导致乡村失去主体，从而使乡村旅游失去生机、活力与灵魂。

生态文明建设是通过减少资源的浪费和环境的污染，合理的利用自然资源，从而使生态保持平衡的一种公益行为。实现生态文明建，就必须还原乡村原本的面貌，禁止破坏乡村原本的房屋建设、耕地农田等。但是在实际发展乡村旅游中，对农村房屋、道路等实施改良是必要的，故生态文明的建设在一定程度会阻碍乡村旅游业的发展。生态文明建设强调对原始村貌的保护，这往往不能引起旅游企业对其的兴趣，因为在此投入的资金常大于获得的回报，无法达到旅游企业盈利的目标。

乡村生态旅游是新时期旅游业发展的新理念和新模式，它为乡村旅游开发与生态文明建设的融合提供了新的契机。乡村生态旅游旨在对乡村旅游资源合理开发的同时，保护当地的生态环境，兼顾开发和保护，使乡村经济得到发展。乡村生态旅游得到政府、旅游企业、当地居民以及旅游者的大力推崇，使之在全国各地得到广泛发展。乡村生态旅游可以将相关部门、产业、项目和资源有效结合起来，实现乡村旅游开发与生态文明建设的有机结合，有效回避了二者之间的矛盾与冲突，实现乡村旅游业的健康发展。

二、乡村生态化旅游发展的制约因素

乡村地区公共设施与服务不完善。大多农村地区作为旅游目的地，其公共设施与服务之间存在较大差距，可以概括为“不完善、小规模、质量不高、

整体生态旅游达不到合格要求”，如道路交通不便、公厕数量少、住宿条件差等。基础设施问题不仅是制约农村生态旅游发展的因素，也是经营者和政府都不能充分关注的一个方面，正是由于公共基础设施建设的缺乏，导致乡村生态旅游未能达到更高的水平。故公共基础设施建设是提高农村生态旅游水平的关键。

营销与品牌建设不足。大多数乡村旅游区都有著名的自然遗产或各种民族的乡村文化，但缺乏积极主动的乡村旅游营销策略，导致外省旅游者和国际游客对乡村生态旅游区的认知度不高。在电子信息时代，口头营销将被淘汰。我们应该利用先进的网络营销手段和快速的网络传播途径将旅游景点的信息传递给每一位旅游者。为此，需要加大对国内外旅游营销的资金和力度，逐步建立面向全国乃至世界客户市场的营销体系。

乡村生态旅游发展的专业人才不足。调查显示，大多从事乡村生态旅游的被调查者的学历在高中及以下，而农村生态旅游管理多为当地农民，他们的科学文化水平不高。由于从业人员整体素质较低，故不能形成一个全面详细的旅游管理科学系统，而与此相对应的是，旅游者往往较年轻，所受教育程度较高，因此，双方在交流沟通上存在障碍。由于缺乏专业的管理以及管理人才，乡村生态旅游的发展速度缓慢，处处可见问题，比如，村民为扩大经营场所，不顾一切地乱搭建，不仅破坏了原来的景点，也给旅游业带来了巨大的影响。由于管理机制落后，政策法规不健全，无法将经营者统一管理，大多数投资者和从业人员无法规范化。专业管理人才的缺乏，导致现有的乡村生态旅游资源无法统一管理，原有的松散组织结构陷入更加无序的组织管理结构，制约了旅游业的进一步发展。

我国乡村地区土地辽阔，各族人民民风淳朴，在不同的民族文化和自然条件下，我国的乡村生态旅游类型也形成了几种不同类型。根据我国乡村生态旅游的发展模式，将乡村生态旅游类型分为农家乐型、依托景区型、特色民族风情型、农业观光型 4 种基本类型。

三、农家乐型乡村生态旅游

毫无疑问，农家乐型乡村生态旅游在整个旅游市场中的地位越来越重要，呈现出迅猛发展的势头，深受资本、企业、地方政府的追捧。随着旅游景区文化元素的加速挖掘，农家乐型乡村生态旅游地位将越来越高，并维持高速增长趋势。

由于农家乐型乡村生态旅游发展还存在问题，所以在其发展中，必须将其在景区生态文化展示中发挥作用，并将地方精华加以浓缩，或将可以反映当地居民风俗习惯和传统生活场景的特点有效地整合，使游客充分感受到景区的特色，实现乡村旅游的快速发展。

农家乐型乡村生态旅游资源大多涉及遗迹遗产，必须坚持开发与保护并重的原则，以保证农家乐型乡村生态旅游项目的生命力，这也有助于传统文化资源的保护和传承。农家乐型乡村生态旅游项目最终是要推向市场，获得经济效益的。因此，在开发时，应当立足市场需求，兼顾目标群体的消费偏好。为避免同质化竞争，坚持地域特色原则是农家乐型乡村生态旅游开发的重中之重。地域文化特色既是农家乐型乡村生态旅游资源的核心，也是增强本地乡村旅游竞争力的关键因素。根据市场情况，采用不同形式开发农家乐型乡村生态旅游项目，以获得市场竞争优势。目前，农家乐型乡村生态旅游资源的开发大致分为三种模式，即政府主导型、政府干预型和市场主导型。农家乐型乡村生态旅游的综合性特征较强。农家乐型乡村生态旅游产业体系的形成涉及许多相关产业，能带动了农家乐周边地区农村经济的全面发展。特别是对于那些农产品丰富的地区，农家乐型乡村生态旅游业具有更为重要的带动作用，但农家乐型生态旅游产业的发展不会在短时间内产生巨大的影响。农家乐型乡村生态旅游符合乡村生态旅游的发展需求，它能多方面结合旅游者的消费需求，满足大部分旅游者旅行中的诉求。

四、依托景区型乡村生态旅游

依托景区型乡村生态旅游产业发展模式是特定时期旅游业发展的总体思路。一个依托景区型乡村生态旅游产业发展总是在一定的资源、市场、区位、国家法律政策以及地区民族文化背景下逐渐形成的。适当的开发旅游模式将促进景区旅游业的快速发展，实行错误的模式将阻碍区域旅游业的发展。

通过政府的引导和统一管理，依托风景区乡村生态旅游有了全新的理念和统一的经营目标，增强了资源整合的能力。因此，政府可以组织专家根据不同地区的不同地理环境进行科学规划，协调旅游与环境保护的关系，在保护自然环境的同时向游客开放景区。同时，政府可以为经营者提供一个合理的绿色生态旅游发展战略，使他们能够严格按照计划实施，建立并完善生态旅游系统，促进依托风景名胜区乡村生态旅游的长远发展。

随着休闲农业、乡村旅游、特色小镇等的提出及国家的大力支持与发展，我国已建成大批有特色、极具吸引力的依托景区型乡村生态旅游模式的景区。对于依托景区型乡村来说，因其本身就是景区，旅游休闲已成为这个城镇、村庄的生活方式，所以会吸引大量的游客驻足观看、游览、体验。因此对依托景区型乡村生态旅游的打造，关键在于打造景区手法的运用。

社会条件、经济条件和消费条件决定了我国只能采取依托景区型乡村生态旅游的发展模式。因此，依托景区型乡村生态旅游的资源开发、设施建设、线路设置、区域划分等都是以景区为基础，且大多依托景区型乡村生态旅游地都由自然景观和人文景观构成。

五、特色民族风情型乡村生态旅游

近年来，独具特色民族风情的乡村生态旅游发展迅速，但对大多数景区而言，还远未达到规模。具有民族风情的风景名胜区深受广大消费者的喜爱，主要包括民族风情、风景名胜、旅游商品和具有民族风情的旅游产品。特色民族风情型景区旅游商品是指旅游者在景区内购买的商品，主要是因为旅游者在风景区旅游时，受到景区的景观和产品的刺激产生了购买商品的欲望。特色民族风情型景区外销商品是指旅游景区销售给游客以外人群的商品，主要依据特色民族风情型景区的自身品牌开发，使人们远在千里之外也能购买商品，其中包括从与风景有关的网上商店购买的商品。

为了发挥特色民族风情乡村生态旅游在乡村生态文化旅游中的作用，地方区域必须加强创新服务的培训，使当地居民具有良好的创新意识，鼓励相关人员加强对传统文化知识纵向和横向的传承。根据旅游市场的实际需要对旅游模式进行优化调整，拓展市场范围，及时更新服务系统，提供更有针对性的服务。在这一阶段，特色民族风情型乡村生态旅游的特点比较分散，这要求企业对其进行整合，可通过品牌效应，有效地突出地方特色，以改善该地区的旅游意识，获得产业链的整合，实现可观的经济效益。此外，可根据本地区的特点，如利用传统的手工流程进行再次促销，通过文化特征满足游客的心理需求等。

除去特色民族风情型景区的旅游商品，也需重视与其密切相关的产业发展。随着特色民族风情型乡村生态旅游的发展，当地的经济、交通以及文化条件得到大幅度改善，也带动了乡村经济的发展，同时使得当地的思想得到改进，故其成为乡村向城镇发展的巨大推力。目前，许多风景名胜区是根据特色民族的旅游特点而发展起来的。

不少旅游景区旅游纪念品的销量比例逐年下降，这是由于旅游者所追求的旅游产品发生改变，其需要的是兼具实用与美观的产品，并非只具观赏性的旅游产品。在一些有特色的民族风情风景区，当地居民巧妙地满足了游客的需求，他们设计出既具民族特色又能结合现代功能的旅游产品，以此吸引游客购买。因此，特色民族风情型景区开发生活化的景区商品，也是必然趋势之一。

六、农业观光型乡村生态旅游

对于很多农民来说，农业特色是发展乡村生态旅游的主要模式，如采摘园等。在采摘园里采摘水果或蔬菜，可以锻炼身体，陶冶情操。在田间劳动可以远离城市的喧嚣，呼吸新鲜空气，修养身心。在建设采摘园时，可根据乡村实际规模和设施条件选择合适的采摘项目，再选取优质的品种以保证结出优质果实，最后在培育果实的过程中开拓销售渠道、选取适合的营销模式。就目前而言，农业观光型乡村生态旅游将走向全面发展，如其将与运动、休闲和娱乐、学习实践、观察等融合，也将应用于地方特色文化艺术以促进乡村生态旅游的发展。

虽然多数农村已具备一定基础，但仍存在基础设施不完善、档次低等问题，其规模尚未成型。在多数乡村生态旅游中游客的参与性不高，只停留在浅层次的观光层面，不能亲身深入感受到农业劳作所带来的充实和快乐。因此，在农业观光型乡村生态旅游中，不仅要满足旅游者的观赏要求，还要注意开发能提高游客参与度的产品。通过加入村民的生产劳作中，使旅游者亲身体验参与到淳朴乡村生活的快乐，以此获得更贴近游客需求的体验，旅游者成为回头客的可能性才能增大。

就目前的发展而言，在体验经济的背景下，在中国农村生态旅游的经济效益主要是基于直接的经济效益。在此基础上，我国农业观光型乡村生态旅游模式应运而生。大量的国外旅游者为追求精神体验，而体验乡村旅游生态旅游中生产劳动和自给自足带来的快乐，如采摘园等旅游模式。而由此产生的消费成本是乡村生态旅游产业在乡村旅游中获得的最直接、最有效的经济效益。

七、提倡乡村生态化旅游的现实意义

乡村生态化旅游有利于推动农村经济发展。乡村生态化旅游的发展在带动当地旅游业发展的同时，也带动了与之相关联产业的发展。乡村生态化旅游发展为当地居民提供了很多工作岗位，使旅游景区的人口资本不断聚集，解决了当地的剩余劳动力问题。与此同时，发展乡村生态化旅游，也吸引了外出务工人员回乡务工，从而缓解了留守儿童以及孤寡老人问题。乡村生态化旅游的发展也加快了农产品生产销售的网络化，使乡村的物流基础信息得到提升，这也有利于提升和转化劳动力。同时，乡村生态化旅游是对农产品销售方式、乡村区域布局进行全面调整的过程。发展乡村生态化旅游带动了农村城镇化发展，推动了农村经济快速发展。

乡村生态化旅游有利于促进区域经济发展。在乡村旅游中实行规模经济，可以形成区域性企业和产品的竞争优势。乡村生态化旅游使农产品获得新的利益，促进了相关产业的发展。由于产品或某些产品的增加，该地区获得了经济发展。乡村旅游业及其关联产业在政府的引导下建立信任的网络关系，从而形成产业集群，这有利于激励产权，促进旅游企业管理及技术的创新，进而实现区域创新。在此基础上，各企业也可以共同努力塑造当地的品牌效应，使当地更具市场竞争力，从而促进区域经济的发展。

乡村旅游开发与生态文明建设融合的目的在于共同推进新农村的建设，实现乡村经济的发展，但两者本质上却是对立的。旅游开发是市场行为，生态文明建设是公益行为，二者结合的关键在于对利益的收敛。在乡村生态化旅游发展的背景下，乡村旅游开发与生态文明建设应从旅游生态化和生态旅游两方面进行科学的整合与创新，以促进两者融合发展。在发展乡村生态化旅游时，需提供完善的旅游服务与管理系统，充分考虑游客的旅游质量和感受，将旅游区的人性化服务做到细致。一个旅游项目的稳定发展，除了基本的景观观赏和体验之外，最重要的就是旅游区的服务与管理。乡村生态旅游项目规划中将旅游服务与管理系统作为项目的定期检查指标之一，采取打分制，充分提高服务管理水平。针对特色项目重点发展，加强对外宣传，打造品牌效果。面对制约乡村生态化旅游发展的因素，政府、旅游企业和当地居民应立足于乡村旅游产业的长期发展上，共同寻求最佳解决方案。在中国，乡村生态旅游仍具有很大的发展空间，本文希望通过对理论和实践的探讨，为乡村生态旅游更好地发展提供指导，使乡村生态旅游在中国更具独特、更加稳定、更成熟。

第二节 我国乡村生态化旅游发展模式的基础条件与约束条件

乡村生态化旅游是一种新型的旅行方式，但其发展速度十分迅猛，尤其是在一些发达国家，乡村旅游已经具备一定规模，发展模式也相对完善，并且表现出很大的发展潜力。基于这一趋势，对我国乡村生态化旅游现状重新审视，寻找可持续发展模式。以国内外乡村旅游的背景与发展历程为基础，对乡村旅游的定义与未来发展进行研究。在探究的过程中提出了基础条件与约束条件两个理论，并分析其对于乡村旅游发展模式带来的影响与作用，为我国乡村生态化旅游的发展模式指明方向，提供理论基础。

一、探究乡村生态化旅游的发展模式

乡村生态化旅游最大的特点就是与大自然的充分接触，最主要的表现方式就是生态环境与民俗文化。我国疆域辽阔，地域之间气候、地形差异较大，形成了各具特色的自然景观和风俗习惯，这就为乡村生态化旅游的发展提供了便利条件。各个地区的差异，也激发了游客的好奇心，尤其是一些城市居民对于乡村生活十分向往，乡村旅游行业也要抓住消费者的心理，发展模式也要不断升级与变化。乡村旅游必须要明确自身的定位，具有鲜明的特点，才能在众多旅游产品中脱颖而出，为达到这一目标就要对乡村的自然资源进行合理利用。目前来看，大多数游客都对乡村生态化旅游的自然、人文环境与服务质量都提出了更高的要求。随着游客需求的不断改变，乡村生态化旅游的发展模式也要更加多元化，打造一个集观赏、休闲、体验等多方面活动为一体的旅游产品。乡村生态化旅游的发展，离不开自然环境的支持与民俗文化的传承，这两个方面也越来越受到相关部门的重视。在乡村生态化旅游发展的过程中，吸引了大量游客，许多休闲活动在乡村之中开展起来，必然会对乡村原始的自然环境造成破坏，同时外来文化的冲击，会使一些民族文化渐渐失去其独有的特点。因此，乡村旅游的生态化建设成了科学发展的必然趋势。

（一）我国乡村生态化旅游发展模式

随着时代的改变，人们在旅行过程中渴望体验一种全新的经历，使身心得到放松，并留下美好的回忆。目前，乡村生态化旅游的发展对互动性有很高的重视，其具体体现在一些农业劳动的参与，例如茶园、果园的采摘活动、捕鱼与牧羊活动等。目的就是在短暂的旅行期间体验真正的农家生活，了解农业知识与当地文化。当遇到一些传统节日，要最大程度上的营造乡村的节日氛围，使游客融入其中。快节奏的城市生活使人们对悠闲的乡村充满了向往，天然的风光，新鲜的空气都受到广大游客的喜爱。乡村生态化旅游使人们暂时远离城市的喧嚣，回归自然，贴近自然，达到休闲放松、享受生活的目的。乡村旅游工作者需要将乡村美丽的自然山水、质朴的人文景观以及其独特的文化与历史展现在游客面前。住在宁静的乡村，吃着村民自己种植的健康食品，欣赏周围山水树木，走进森林里呼吸新鲜空气，沿着小河边散步，体会阳光的温暖，对于城市居民来说这种旅游无疑是一种享受。在乡村旅游的发展过程中，周边地区也会获得更多经济效益，如为游客提供饮食、住宿以及当地特产。这种旅游模式，能够使游客最大程度上得到放松，在整个旅游过程中无需游客过多参与，这种返璞归真的服务方式，能够使游客们忘记压力，舒缓心情。近年来随着我国乡村旅游的急速发展，出现很多旅游模式，其中城郊生态化旅游受到了人们的欢迎，这种旅游模式的特点为距离较短、时间较为灵活，目前来看，城郊生态化旅游具有很大的发展空间，前景十分可观。随着城市的不断发展与扩大，附近的郊区现代化程度也非常高，与比较闭塞的原始乡村存在一定差距。现代化乡村的农业更加科技化，自然景观也经过人为美化，这些都是城郊生态化旅游的独特之处。越来越多的城市居民想通过乡村旅游的方式来缓解压力，但又没有足够的时间和精力进行长途旅游，而城郊旅游的发展模式有效解决了这一问题，游客利用周末休息的时间，就可以进行休闲旅游，这也是此种旅游模式受到广泛欢迎的原因。目前许多大城市周围都在规划建立环城乡村旅游区项目，使乡村生态化旅游发展上升了一个新台阶。总的来说，无论是哪种乡村旅游模式的发展都要依靠完善的体系与科学管理。我国乡村旅游较为常见的经营方式有以下两种。第一种是社区直接参与的模式，就是将农业劳动与村民融合到乡村生态化旅游建设中，使多种因素有效的结合在一起，可在旅游活动中增加一些农业劳动的体验项目，村民也可以参与到旅游的相关服务行业中，同时能够带动乡村经济发展，为村民提供就业机会，是一种一举多得的经营模式。第二种是企业与农户合作的模式，通过乡村旅游企业带动和市场化形式使乡村生态化旅游得到发展。这种模式具有很大优势，使乡村旅游建设的资金更加充足，科学技术与管理技术都更加先进。在乡村生态化旅游实际发展中，要结合每个地区不同特点来选择发展模式与经营模式。这样才能提高乡村旅游的服务质量，带给人们更好的旅游体验，更是保证乡村旅游可持续发展的基础。

（二）国外乡村生态化旅游发展模式

早在 20 世纪中期，一些西方国家就已经开始发展乡村生态化旅游，并形成了一定规模。1960 年西方学者就乡村生态化旅游发展面临的问题进行了研究，并着重强调了乡村旅游行业对村民的重要意义。在 1960 年到 1970 年之间，乡村旅游的学术逐渐得到发展，这段时间主要针对乡村旅游行业的发展与村民经济收入之间的关系进行研究，并对乡村旅游发展中带来的社会问题和对社会大众造成的影响进行分析。1980 年到 1990 年这段期间，乡村生态化旅游的饮食与住宿问题，成为了学者们研究的重点，并将社会影响与社会经济列入研究的课题。1990 年之后，乡村生态化旅游的研究内容更加丰富，其中包括发展模式的整体规划、乡村范围内的土地布局、旅游产品设计以及管理模式。从此乡村生态化旅游拥有了具体的概念与可行政策，将这些理念应用到乡村生态化旅游的建设中，也充分得到了证实。西方学者用半个世纪的时间对乡村旅游进行研究与分析，并取得重要的研究成果。在此研究过程中涌现了许多不同的观点，有的学者认为，乡村生态化旅游最大的吸引力在于村民生活形式的不同。而有的学者认为最吸人眼球的是乡村独特的风俗文化与村民的思维方式。西方学者 Tang 曾经给乡村生态化旅游下过定义，他认为这是一种能够与大自然零距离接触、感受当地风土民情，在一定区域内开展的特色休闲方式。Garfield 认为乡村生态化旅游的发展离不开科学的管理制度、充足的资金支持、完善的基础设施以及乡村发展模式的不断更新。Priscilla 认为乡村生态化旅游的发展同样存在一些弊端，虽然对农村经济的发展起到了促进作用，但在一定程度上也对自然资源与生态环境造成了破坏，要做到对旅游资源的合理开发与利用，采取环境保护措施。同时要注意乡村独特的风俗与文化的保存，防止其被外来游客的思想与观念同化。但仍有一些学者认为，乡村生态化旅游受季节因素的影响，开放时间短、消费水平低、规模普遍较小，并不会对乡村经济与旅游行业的发展起到影响。

二、我国乡村生态化旅游发展模式的基础条件

近年来，我国乡村生态化旅游逐渐发展成几种不同的类型，其中包括观光浏览型、休闲体验型以及文化感受型。这些类型的发展模式都需要基础条件的支持，在观光浏览的旅游模式中，需要自然资源基础，使游客能够感受到大自然的神奇与魅力，来到这里能够放松压抑的心情，还能够体验农家生活的乐趣，从自然风光、农业观赏与渔业观赏几个方面入手，使乡村旅游活动更加丰富。休闲体验的旅游模式中需要依靠乡村恬静悠闲的生活条件，并向游客提供各类休闲服务，其中包括运动、保健以及风俗习惯体验等。在注重文化感受的旅游模式中，要依靠乡村独特的文化基础，可以在欣赏自然风光的同时，感受当地的节日文化、尝试制作本地手工艺品、品尝特色美食，并且参加一些户外活动与农事劳动，充分感受乡村文化与乡村生活。

（一）加强基础设施建设

想要使乡村生态化旅游持续发展就必须加强基础设施的建设，首先就是交通设施的建设，一些沿江沿海的乡村，从轮渡的方面来说，应在原有的基础上，加强对码头与渔港的建设，建筑物需独具特色，既能遮蔽风雨又具备一定观赏性。适当增加客船数量，使水上交通更加方便，减少游客等船的时间，带给他们更便捷的旅游体验。在道路建设方面，要尽量将常用道路改为长环岛路，使游客在坐车的途中也能够对乡村环境进行观赏。加强道路两侧的绿化与美化设施的建设，注意地下管路铺设的合理性，使整个乡村道路干

净美丽，给游客一个良好的第一印象。许多乡村的地域非常广泛，若想全面观赏，就需要乘坐公交，在这一方面的基础设施建设要注意公交的环保性，随着游客的增多，公交数量必定会有所增加，要尽量使用新型的电动环保型公交，并且要对传统公交逐渐进行替换，另外还要对停车场设施进行完善，使游客体会到细致入微的服务。同时还要注意对水资源的合理利用与保护，一些乡村还存在着用水困难的问题，在很大程度上影响了该地区生态化旅游的发展，因此要采取一些措施，铺设管道对水源进行运输，并设立应急水库。对原有管路进行修复，避免在运输过程中由于管路破损造成的水资源浪费，同时也能够提高饮用水的质量，确保游客的用水安全。另外还要注意对水资源的收集和污水的排放，避免乡村旅游对当地水资源的污染。如今人们对与网络的依赖不容小视，因此在进行乡村旅游基础设施建设时，要使用先进的科学技术使整个乡村范围内都被网络覆盖，以免给游客带来不便。完善乡村的网络通信系统，也为其实现信息化、自动化以及网络化提供基础，使更多的资源得到共享，宣传、管理以及服务都更加现代化，构建一个涉及多方面内容并且功能广泛的网络服务平台。最后要注意加强游客服务中心的建设，通过服务中心能够与游客更好的沟通，并提供其所需的服务，例如信息传递、景观介绍、道路指引、天气提醒等工作，还得为老年人、残疾人等特殊人群进行一对一服务，为游客营造宾至如归的亲切氛围。

（二）建设乡村生态化旅游服务体系

对乡村生态化旅游服务体系进行整体建设，要从资源整合方面入手完善旅游服务体系。围绕食宿、购物、休闲娱乐等方面，使服务体系更具创新性。以现代化的服务作为主导，以当地风俗文化为引领，以乡村各类农事活动作为基础，将乡村生态化旅游服务体系进行进一步优化。我国许多乡村都具有悠久的历史与独特的传统文化。在乡村旅游的建设中，要充分利用文化资源。以乡村文化为基础，建设一个具有深刻教育意义、能够体验乡村特色文化风俗习惯的服务体系，并建立乡村文化交流中心，促进乡村旅游的共同发展。由于各个乡村的自然资源与生态环境的不同，服务体系也会随之发生改变。一些风俗习惯与外界差异较大的乡村，在观赏美丽的自然景观同时还可以邀请游客参加当地组织的特色传统活动，感受不同地域的文化差异，体会我国丰富的文化底蕴。对于沿海沿江的乡村，可将水体资源利用到乡村旅游的服务当中，开设海滨浴场，为游客提供一些海鲜加工服务，并开展捕鱼等简单的农事劳动。乡村生态化旅游的服务体系，是能够将城市与农村相互连接的平台。来自城市的游客通过乡村旅游服务，感受当地人的淳朴与热情，同时也能够更深层次的了解农村风俗，加强城乡之间的文化交流。参与旅游服务的人员，绝大多数来自乡村，村民在服务游客的同时，也增加了与外界接触的机会，逐渐思想观念也会在潜移默化中发生改变，先进的服务技术也会促使村民不断学习，完善自己。这样，不但使村民的思想更加与时俱进，也使其整体素质得到有效提高。乡村生态化旅游服务也将更加专业，有利于其独特品牌的打造。除此之外，乡村生态化旅游还可以适当发展演艺服务，因乡村地域分布广泛，每个地区都有独特的戏剧以及表演方式，将这些通过演艺的方式表达出来，增加了旅游活动的娱乐性，也使游客对当地传统文化有更深的了解。在这些活动的基础之上，还可以对家庭旅馆服务、纪念品服务以及文化休闲服务三种服务模式进行建设，随着来到乡村旅游游客的数量增多，各类住宿行业不断发展起来。很多游客都是以家庭为单位来休闲度假，除传统的酒店与民宿外，还可适当发展一些家庭旅馆服务，这种住宿类型不光要求提供简单的住宿环境，还要将农舍的建设与装饰与当地乡村文化相结合，设置不同的主题，例如以农业为主的乡村，农舍中可设置一些劳动用品和粮食储备等，以渔业为主的乡村，在农舍中可使用渔网作为装饰，以畜牧业为主的乡村，可在农舍中养殖一些家禽等不具备攻击性的动物。游客在农舍居住的过程中，能够更快的融入乡村生活，获得更好的体验，成为乡村生态化旅游的一大特色。乡村旅游的纪念品多为当地特产以及特色手工艺品。但这些纪念品多数于当地村民自己制作，普遍存在加工不精细、包装简陋、档次较低等问题，使游客没有购买的欲望，基于这一现状，乡村可与一些信誉良好，实力较强的企业进行合作，提高纪念品的质量。例如有的乡村区域内雕刻工艺十分精湛，有的乡村区域出产银饰品，将这些手工艺品进行包装与打造，激发游客的消费热情，促进乡村生态化旅游行业的发展。在餐饮方面可建立美食街，让游客对当地美食进行自主选择，在休闲娱乐方面，结合当地特点，开展一些参与性较强的农业劳动与娱乐活动，增强乡村生态化旅游的互动性，满足不同游客的不同需求。

（三）培养乡村旅游人才，提高服务质量

目前，乡村生态化旅游中从业人员多数为当地村民，普遍文化素质较低，不符合乡村旅游行业发展的要求。因此，现阶段乡村旅游的首要任务就是对从业人员进行培训，培养出高文化、高素质、形象良好的乡村旅游人才，使整体服务质量得到提高。对于乡村旅游人才的培养可分为五个方面，第一个方面就是当地的基础培训，这种培训方式针对的是一般培训人

员，利用闲暇时间，对文化知识、服务理念以及专业技能进行培训。在培训过程中要注意将不同种类的从业人员进行有针对性的培训，最大程度上提高人员的岗位技能。第二个方面是针对管理人员与技术人员的培训，这种培训普遍要在外地进行。培训的主要内容是对科学技术的使用以及一些先进的管理经营方式。第三个方面是鼓励从业人员通过自学提高综合素质，自学方式多种多样，可通过购买书籍进行学习，也可以通过网络参加远程的教育培训，使从业人员的视野更加开阔，拥有丰富的知识，较高的技术水平。增强各个方面的能力，为自身的发展打下基础，努力成为新时代下的新型农民。第四个方面是到其他乡村生态化旅游地进行参观与考察。为使相关旅游行业的持续发展，相关部门可实行一些激励制度，在一定范围内进行乡村旅游评比，将发展较好的区域评为乡村生态化旅游示范点，这些乡村旅游普遍在建设开发、管理以及宣传方面都有比较突出的成绩，值得广大乡村旅游工作者学习与参考。可定期组织从业人员到这些示范点进行参观，并将其优点灵活运用在当地的乡村生态化旅游服务中，为乡村旅游的发展提供源源不断的动力。第五个方面，要注重人才的引进，可制定一些优惠政策，来吸引旅游专业的大学生，这些人才通常文化知识基础比较扎实，具有很强的专业技术，另外对于网络信息技术与先进科学技术的接收能力较强，对乡村生态化旅游的发展有着极大的帮助。要特别重视对于来自农村大学生的引进，乡村生活经历，使他们更加熟悉环境，了解乡村生态化旅游中存在的不足，并学以致用，将自己的才能应用在乡村旅游的建设之中。除此之外还可以从一些发展较好的乡村旅游示范点引进专业人才，这种引进方式往往针对性较强，可根据对需要的服务人才、技术人才或者管理人才进行引进。人才的培养与引进能够有效提高服务质量，促进乡村生态化旅游的发展，为其注入新鲜血液。

三、我国乡村生态化旅游发展模式的约束条件

随着我国的急速发展，城市生活的节奏越来越快。更多的城市居民希望走进乡村，乡村有他们向往的轻松恬静的生活方式，包括清新的空气、美丽的自然环境以及质朴的民风民俗。近几年，乡村生态化旅游行业发展迅猛，许多乡村因旅游行业使其经济条件逐渐提高。但仍需认清目前乡村旅游行业存在的不足，由于我国此行业起步较晚，无论是基础设施建设，还是旅游产品的完善性都有待提高，还处于发展的初级阶段，并且在具体发展过程中还受到许多条件的约束，如何避免这些问题对乡村生态化旅游的发展造成影响，仍是相关工作者需要研究的重点。

（一）管理方式对乡村旅游发展模式的约束

经过乡村旅游行业多年的发展，取得了显著的成绩，同时也暴露出许多问题，给乡村旅游的发展模式带来很大约束，具体可分为以下四个方面。第一，缺乏相应的管理。受乡村位置的影响，政府的管理相对薄弱，甚至某些方面的管理还处于真空状态，乡村生态化旅游建设没有明确的管理制度作为依据，在一定程度上对发展模式造成了约束。第二，乡村旅游的各个组成部分之间关系不融洽。当地村民、政府、旅游部门以及投资者之间存在一些矛盾，如果这些矛盾得不到解决，就会出现各个组成部分相互对立的情况，甚至还会出现激烈的矛盾，对乡村生态化旅游的建设非常不利。第三，基础设施对乡村旅游发展模式的约束。一些比较闭塞或者资金不足的地区，交通条件与食宿条件较差，无法吸引周边城市居民来游览观光。第四，旅游资源对乡村旅游发展模式的约束。在乡村旅游行业的发展过程中，必定会造成自然环境的污染、民俗文化的改变，这些不可再生的自然资源与人文资源造成不可逆转的损坏，使乡村生态化旅游无法持续发展。这些问题严重阻碍了乡村旅游行业的发展模式。除此之外，如果发展模式的制定不能结合当地实际情况，没有注重环境的保护、相关村民和部门的利益，甚至剥夺了他们表达自身想法以及乡村旅游发展的参与权，会使各方面矛盾更加激化，最后达到不可调和的状态。因此，对于乡村生态化旅游发展模式的选择要十分慎重，对当地的自然资源、生态环境与经济条件进行全方位的考察后，结合当地相关利益者的建议，在不断的商讨过程中，对发展模式进行制定。只有通过这种方式，才能最大程度上的减少对乡村旅游发展模式的约束。

（二）市场营销状况对乡村生态化旅游发展模式的约束

近年来，乡村生态化旅游市场的竞争越来越激烈，市场营销效果直接决定了乡村旅游在同行业之中的竞争力，具有重要价值。有效的宣传能为乡村旅游带来更多的游客与消费，有力推动乡村旅游行业的发展。随着人们生活水平的提高，对乡村旅游行业也提出了更高的要求，应游客需求，其市场营销方式也要做出一定改变，现阶段市场营销存在以下几种问题：一是乡村旅游产品的种类比较单一，无法满足不同游客对于旅游体验与服务的要求；二是饮食、住宿、卫生、医疗等基础设施不够完善，给游客的旅行途中带来很多不便；三是从业人员对自身形象要求不严格，并缺乏一定的服务意识；四是缺乏有效的宣传促销手段，导致消费水平得不到提高。这些问题都会对乡村生态化旅游的发展造成一定约束。若想改变市场营销的现状，首先政府要对其加强引导，给乡村旅游行业一些项目开发指导与经济、税收方面的优惠政策。并要保证在乡村旅游的发展过程中，尽量减少对自然资源与民俗文化的破坏。减少各个乡村旅游地点的相似性，使旅游产品更加丰富，提高旅游活动的参与性和融合性，更好的展现当地特色。使用先进的网络技术，做好经营管理与市场营销工作，加强宣传力度，使更多人了解乡村生态化旅游，最大程度上的减少市场营销状况对乡村旅游发展模式造成的约束。

随着我国社会经济的不断发展，人们的生活质量得到提高，旅游行业渐渐成为国民经济重要的一部分。目前来看，我国乡村旅游的发展还处于初始阶段，在许多方面存在不足之处。乡村旅游的发展离不开自然资源与生态环境的支持，对于环境的保护是当前乡村旅游发展的必然趋势。综上所述，我国乡村生态化旅游的发展模式还需要不断探究与改进，明确自身与传统旅游的不同之处，充分发挥优势，做好扬长避短。掌握乡村旅游的发展趋势与动态，树立正确的发展观念，以科学发展观为基础，进行乡村生态化旅游建设。根据不同乡村的不同情况进行具体分析，选择合理的发展模式，并在实行过程中加强基础条件的完善，尽量减少约束条件带来的阻碍。保证乡村生态化旅游的持续发展，为人们提供休闲旅游的最佳体验。

第三节 我国乡村生态化旅游发展模式的构建

现如今随着我国经济实力的增强，大部分的农村人口生活水平逐渐提高，农村经济建设与社会的经济发展正在相互促进，相互提高。但是要想将广大的农村人口真正实现高水平的小康生活，我们必须根据农村发展的实际情况，因地制宜的来发展农村。因此我国政府自打中华人民共和国成立以来始终把农业、农村、农民，即“三农”问题作为社会主义全面发展的根本性问题，在探索农村发展的实践过程中，我国始终高举马克思主义伟大旗帜，坚持中国特色社会主义理论，坚持科学发展观和全面协调可持续，全面和谐地推进农村建设。

中国共产党经过对我国农村发展状况严谨的调查分析之后，提出了“乡村生态化旅游发展模式”。这个模式最早的提出者是西方学者在对传统自然进行“生态反思”的基础上提出来的，目的是促进自然旅游可持续发展的同时，更注重生态系统的保护以及提高当地居民的生活条件。在 20 世纪 90 年代这个理论逐渐开始扩展，在世界各个范围内开始被实践，我国也逐渐开始此理论的探索。我国乡村生态旅游的萌芽是在 20 世纪 80 年代中期，此阶段主要是在具有特殊自然景观和人文特色的农村地区。直到 20 世纪 90 年代以后，

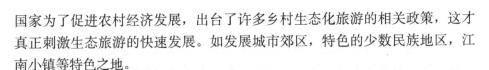

国家为了促进农村经济发展，出台了许多乡村生态化旅游的相关政策，这才真正刺激生态旅游的快速发展。如发展城市郊区，特色的少数民族地区，江南小镇等特色之地。

在经过对我国乡村生态化旅游发展过程的研究，我们可以仔细的了解到旅游业的地位早已超过汽车和钢铁为主的第一产业，它是解决贫困和实现可持续发展的一个关键点，它可以促进第一、第二产业的发展，所以我们必须重视在旅游业发展中占据重要角色的乡村生态旅游。乡村生态旅游是以农业为支撑，以良好的乡村生态环境以及特色的乡村生态自然资源为景观，以此展开的一种以生态旅游为主的乡村旅游活动。我们必须要构建具有时代特色，符合中国国情的乡村生态化旅游发展模式。对此发展模式的构建，我们将从三大方面来叙述，分别是模式构建的意义、模式构建的过程、模式构建的对策。

一、建设乡村生态化发展要达到的标准

乡村生态旅游是一个遵循自然规律和经济规律的产业，它是国家目前为了有效解决农村发展问题所提出的建设方案，它是建立在我国三大产业基础之上的经济性环保活动。若想将乡村生态化旅游发展模式构建的更完整，我们必须要在交通运输、餐饮文化服务、酒店住宿、人文娱乐，环境保护等各个方面进行建设。因此，发展乡村生态化旅游会直接或间接地影响到其他产业的发展，甚至逐渐带动这个区域的经济、政治、文化和人文的发展。那么为了使我国乡村生态化旅游发展模式构建更具价值，我们需要制定一个参考标准，使得乡村生态旅游的发展符合这个标准范围。

（一）丰富城乡居民的精神面貌

城市居民的进入，为乡村农民带来一些改变，通过城乡之间的交流促进农村的“观念城市化”进程，带动乡村农民精神文明的进步，同时也让更多的城市居民了解农村当地的风土人情和乡村文化。另外，乡村生态旅游兴起，会促进乡村的社会分工规划，促进农村剩余劳动力的转移，提高农民的科学文化素质，促进当地农村地区农民的精神文明建设。

通过城乡居民之间的文化交流，转变传统的农民意识即“小农经济观念”，需要通过城市和农村居民在经济、政治、文化等各方面的交流，相互促进城乡居民的生态观念，最终带动乡村社会文明的进步。此外，更为重要的是，它还能将过去被大家所遗忘、所遗漏的自然资源重新焕发光彩，重新让广大人民所喜爱。

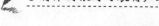

（二）保护当地的农村自然环境

传统的农村经济发展方式已经不再被社会所需要，过度开采自然资源、乱砍滥伐的旧发展方式已经被时代所抛弃。为了适应新的发展需求我们必须要重新设立一个乡村生态化旅游发展模式的标准，这个标准就是在开发农村时，必须要保护当地的农村自然环境。在西方国家这种发展观念正在被应用，如欧盟的生态旅游发展观念是：生态旅游发展模式，不仅是简单地去发展旅游业，而是要在生态的基础上，规划一个顺应自然的、有当地特色的生态旅游业。它必须要以自然环境的承受能力为发展背景，不再一味地追求农村经济发展和工业社会的进步，它更加体现一种人文情怀。

由于我国的地理环境决定了我国的地形是多山地和丘陵，这种地理环境更加强调“尊重自然”的发展理念。所以我国乡村生态化旅游发展模式的构建必须要注重维持自然生态环境的完整性和持续性，故在开展生态旅游业时我们必须要在最大程度但不破坏农村环境的基础上，建设可持续发展的绿色农村生态旅游发展模式。尽可能保留农村的原风貌、原资源、原风景。要合理规划农村建设用地和发展用地，不可过多的占用农田。不要在乡村建设别墅和楼房，这违背了生态旅游的初衷。我国乡村生态化旅游发展模式的构建，必须要以保护当地的农村自然环境为标准，最大限度地还原乡村的生态化。

二、乡村生态化旅游发展模式的构建流程

一个产业的发展模式会在发展过程中逐渐出现一系列的标准，乡村生态化旅游的发展模式也不例外。乡村生态旅游在旅游业中的发展模式规律是客观存在的，它不因人的发展意志转移，所以我们必须根据乡村的实地特色来探索。

我们要了解乡村生态旅游发展模式的构建流程，只有真正清楚构建流程中出现的问题和困难，我们才可以总结出乡村生态化旅游发展模式的规律。这样才能构建出有价值意义的乡村生态旅游发展模式。由于世界上每个国家的经济发展状况、自然资源状况、人文社会环境、农业发展水平不同，各个国家的乡村生态旅游的基础模式也是不同的，只有认真研究这些国家的发展过程，取其精华，去其糟粕，我们才能构建出符合中国国情的乡村生态化旅游发展模式，从而让乡村生态旅游健康发展，进而促进和提高中国经济社会的可持续发展。

（一）全面建设公共基础设施

与西方国家的农村基础建设相比，我国大部分地区的农村基础建设薄弱，有的偏远地区甚至没有能运输的乡村道路。“要想富先修路”，农村地区想要

发展必须要有完整的交通运输系统。只有当交通道路建设达到基本的运输水平，才能将各个农村地区有特色的农作物、经济作物运送出去。同时才能吸引广大的城市居民到农村生态旅游，拉动农村的经济发展。

只有加强农村基础设施建设，才能保障农村经济社会的可持续发展，才能提高农民生活水平，增加农民经济收入。若想将生态旅游发展好，我国的新农村必须加强公路、电力、水利等基础设施的建设，同时要把农村基础设施建设作为升级农业结构、提高农村经济、改善农民生活的基本工作，要重视农田水利，重视农村供水供电问题，更要完善农田灌溉水利设施，加强基本的信息网络建设，扩大网络技术的应用范围。在探索解决这些问题的过程中，我们必须将重点和难点一一进行规划建设，从而使我国的乡村生态化旅游发展模式构建得更完善。

（二）探索乡村循环经济的发展

在农村发展传统工业，会造成我国农村自然资源短缺、生产设计利用率低、生态环境严重污染等问题。与此同时，发展乡村旅游会使得一些旅游产品在生产、包装、消费等环节上缺乏环保措施而造成生活垃圾和工业垃圾，给乡村人民的居住环境造成严重的破坏，极度的威胁子孙后代的生存问题。因此，我国更加倡导乡村生态化旅游的发展方式，要建立一种以乡村循环经济为主的乡村生态旅游的发展模式。乡村生态旅游消费实际上就是一种循环经济的消费方式，它一方面对农业结构不断地进行升级，这样可以帮助旅游者获得健康消费的绿色食品。另一方面，它极大提高了资源的重复利用率，减少了对环境的污染。

循环经济的提出对于构建乡村生态旅游的发展模式具有不可估量的作用。同时循环经济也是世界经济发展中的一大趋势。循环经济的提出，是人类对传统发展模式反思后的结果，是升华人与自然和谐关系的手段之一。我们必须要不断的了解循环经济的本质，认识到循环经济本质上是一种生态循环经济。循环经济去除了传统的粗放型经济，减少了各个生产阶段浪费生产、浪费消耗，进而转变为低消耗、高利用和高生产，实现资源结构的最佳利用。

如果在我国的乡村生态化旅游发展模式的构建中进行循环经济的发展模式，便可以大幅度降低旅游消费过程中的资源、能源消耗及污染物的排放，为消费群体构建一个高标准全方位的衣、食、住、行的服务体系，促使其服务产业生态化，同时也可以开展更加科学的乡村生态旅游，提高人民生活的质量。这有利于在开展生态旅游的过程中保证农村的生态环境和人文环境质量，同时也使乡村生态旅游发展模式紧跟时代要求和市场需要。

三、构建乡村生态化旅游发展的措施

国外的乡村生态旅游发展已经接近成熟，国内的乡村生态旅游发展实际上仍处于开始阶段，但是也具有一定的发展成果。根据各地乡村生态旅游发展的过程来看，中国的乡村生态化旅游在不断的发展中积累了不少成功的经验，我们需在继承前人经验的基础上进行不断创新，使乡村生态旅游发展模式构建得更好。

（一）因地制宜的发展乡村生态旅游

不同的农村环境决定了不同的发展方向、发展规划和发展战略。由于每个农村的自然资源，政治经济和社会条件都不相同，那么面临众多的发展模式要如何抉择呢？第一产业、第二产业、第三产业要以哪种产业为主导呢？是建设工业化的农村还是有特色的新农村？或者是二者都进行都发展？如果碰到可以发展多种模式的农村，要一起发展还是各个方面一起发展？或者先发展某一模式？先发展的模式又有什么判定标准？以上都是发展乡村生态旅游建设可能会遇到的问题，不同的发展模式有各自不同的发展基础和发展条件，我们必须慎重和全面考虑。在本文中我们将提出四种因地制宜的乡村生态旅游发展模式。

第一种是对于有着丰富的土地和自然资源，网络信息技术完善，资金众多的地方，可以考虑采用“工业型 + 农业型”的协调发展模式。这种模式适合东南沿海地区以及内地交通便利，矿产资源比较丰富的地区。这样有助于建设完整的生态产业链，有利于产业的结构升级。

第二种是如果某地历史景观丰富，具有某种特色的历史传统和自然条件，并有相应的公共基础建设，良好的市场需求，可以考虑发展特色的乡村生态旅游，这种环境模式没有地域上的限制。只是在发展过程中要重视农业技术创新和自主研发产品，以特色的产品打造自己的品牌建设，与此同时还要进行大力的宣传。

第三种是对于少数民族地区有畜牧养殖传统的地方，可以考虑发展以畜牧养殖为主的乡村生态旅游的发展模式，但是在此发展过程中要防止占用田地养殖。并且还要发展循环的绿色经济，防止粪便对水源的污染，注意考察市场需要，防止市场浪费。

第四种是对于交通便利，距离城市较近且有良好的自然环境，农业基础较好的周边乡村地区，在满足城市游客食、住等基础上，可以开展乡村休闲娱乐的生态旅游的发展模式，促使城市居民来到乡村，一方面可以感受乡村的独特的自然景观和人文环境，另一方面也可以放松自己的心灵和减缓工作压力。

在面对乡村生态旅游发展模式时，我们必须要突出特色，因地制宜，避免盲目发展。在符合农村发展实际的前提下开展有特色的生态旅游，只有这样才会取得显著的效果。如果不顾当地的实际发展需要，有可能会造成比较严重的后果，即造成经济和生态的双重损失。

（二）设计独具特色的农业生产方式

如果想发展一个较好的模式建设，必须设计出此模式和其他模式的不同处，也就是说，找出和其他模式相比之下的特殊优势。只有与其他发展模式形成不同点，才能有自己的发展价值。因此我国乡村生态化旅游发展模式必须有自己的特殊之处，走自主设计之路。

一个不适合的生产组织方式可能会阻碍乡村生态旅游的发展，所以我们必须构建一个有特色的农业生产方式。即这个农业生产方式是一个可以兼顾科技生产、满足消费者的发展需要、提高乡村价值观的乡村生态旅游模式，它能为旅游者展示农业科学技术的应用，把高科技与乡村农业旅游相结合，同时又引入生态文明理念。这种农业生产方式不仅可以为乡村农民增加实践经验，也能为消费者在感受农村生活时提供便利，最重要的是可以通过此方式提高旅游地的生态教育宣传，提高游客、农村居住者的环保意识，有利于提高当地旅游资源的品质。

设计有特色的农业生产方式，可以为本地生产出绿色健康食品提供帮助。健康食品不仅能满足人类所需的物质营养，而且还能使其排弃物直接化为动物和植物的营养材料，进而形成一个完整的生物产业链循环，促进经济稳定发展和全面实现人与自然的和谐发展，能够最大限度地考虑自然生态系统的承载能力，最大限度地为社会创造财富。

（三）完善与生态旅游相关的法律法规

新农村建设中的生态旅游发展建设是事关我国农村经济能否持续健康发展的关键因素，若单纯依靠经济手段无法达到实际效果，必须加强国家的宏观调控政策以及建立相应的环境保护法，只有国家出台了相应的法律法规，有了系统的制约机制，乡村生态旅游才有发展的方向和动力，我国的乡村才能毫无顾忌地发展生态旅游。

乡村生态旅游必须加强对乡村生态化开发企业环境保护的监督治理，要对当地农村的环境设计进行合理的安排，乡村领导班子应规划出远离农村集中生活区的区域作为环境治理保护区。同时政府应出台相应的经济政策和法律文件，创造有利于消除旅游消费垃圾聚集的条件，尽量集中处理生态旅游所产生的废弃物。在面对不积极配合处理垃圾问题的乡村，政府必须严格执行国家下发的环境保护条例，同时根据当地旅游环境发展所面临的实际情况，建立和完善地方乡村的法规制度，面对任何违法行为都必须做到有法必依、执法必严。

在生态旅游的发展过程中，只有在政府大力支持下，乡村地区才会进行一系列的发展规划，才会有能力去建设比较完善的基础公共设施。对农村开发地区出台相应的开发保护文件，才能有效保证农村地区不会发生过度开发的情况，才能更好保护良好的自然风光和自然环境。

（四）乡村生态旅游的发展模式要呈现多样性

我们目前提出的协调发展模式是在当今的理论和当今新农村发展建设的前提下提出的，不可避免存在其局限性。想发展好乡村生态旅游，我们必须创造出新的发展理念，使乡村生态化旅游的发展模式富有生机和活力。时代在发展，社会在进步，发展模式不会固定不变，发展理论更不可能适应万年。每一个理论都有其存在的价值空间，都有其开始、发展和灭亡的过程，所以我们必须在其发展过程中不断提升其价值。根据中国的实际地域特点，主要提出三种适应乡村生态化旅游发展的新方式。

第一种是以农业观光为主导的乡村生态化旅游发展模式。农业观光是指，在已有农业景观和现代农村聚落的基础上，根据区位优势，发展农业文明，将此地区的天然景观进行园林设计，在融入有关农业的科技手段，把农业景观发展为旅游的参观景观，为旅游者提供自然的田园风光。为了更加满足消费者的需要，在景观地区也会开发观光游览、人文情怀、度假娱乐等多种功能的农业参观区。在这里消费者可以进行种植业的栽培，园艺建设，农产品的采摘加工，或可以体验果园、菜园、花园等的农业种植。

第二种是原生态旅游发展模式。原生态旅游发展模式是以自然资源为基本要素展开的，此地区的乡村生态旅游资源必须要有特色，其本身要具备足够强的旅游吸引力。这种模式的目的主要是让消费者欣赏和鉴赏自然，同时也保护当地的自然风光不受破坏，真正让消费者在大自然的风景中陶冶情操，增长人文情怀。在此地区可以开展的生态活动有：自然生态保护区、森林湿地公园和风景名胜古迹等。这些旅游景观区能让消费者真正感受大自然的独特魅力，让消费者真正认识到人与自然的和谐统一，提高环境保护意识。

第三种是混合型开发的乡村生态化旅游的发展模式。混合型开发发展模式是“乡村集体主导开发＋村民自主开发”的混合。乡村集体主导开发主要的经营主体是由乡村政府相互联系或协作开发经营的乡村生态化旅游活动的发展模式。根据开发管理性质与合作分工的不同角色作用，它主要包括“政府＋农户”的发展模式、“政府＋各大企业”的发展模式，以及“企业＋政府＋农户”的发展模式等。这些乡村集体主导的生态化开发旅游的发展模式分别适合在我国具有特色农业生产方式的乡村地区、具有独特的旅游景观、当地居民有一定经济水平等条件的乡村地区。另一种是村民自主开发的发展模式，主要是指乡村居民根据国家和当地政府的政策支持，自主开发经营一系列的生态旅游项目，旅游项目可以包括餐饮、住宿、乡村游玩、农作物采摘为主的农家乐等多种形式，这是当地农民和旅游消费者共同享受生态化旅游乐趣的模式，此种发展方式适合建立在风景旅游城市的城郊地区或有著名风景区的乡村周边附近，因为作为个旅游城市的乡村地区，与之相适应的配套基础设施基本可以满足旅游群体的消费需求。这种自给自足的村民自主开发的生态化旅游有利于增加农民的经济收入，提高乡村农民的金钱意识，可以充分解决农村剩余劳动力的问题，进而实现农村居民合理就业，提高乡村生态化旅游自我发展的能力。

综上所述，通过对乡村生态旅游发展模式构建的意义、过程、对策等三个方面的研究，我们可以了解到乡村生态旅游发展模式的构建必须考虑到主观和客观两个方面。一是客观因素：必须考虑当地农村的发展现状、自然景观特色、人文社会环境；二是主观因素：必须考虑游客的兴趣爱好、对旅游地的意见参考、消费意愿等方面。只有构建出符合中国国情的乡村生态化旅游的发展模式，才能解决贫困和实现经济可持续发展，也才能解决“三农”问题、发展农业社会、建设社会主义新农村。因此，我们要根据各地的农村特色和实践发展方向来构建中国特色的乡村生态化旅游发展模式。

第四节　基于协作博弈的乡村生态化旅发展模式优化

乡村生态化旅游需要依靠丰富的自然资源，其中包括水体资源、森林资源以及湿地资源等等，通过合理的发展模式，使乡村地区的经济得到发展，这也正是乡村生态化旅游建设的目的所在。在这一过程中，会涉及许多利益相关者，如何将这些利益相关者结合起来参与到乡村生态化旅游的建设工作中变得尤为重要，其中决定性因素为预计收益、风险评估以及生态观念等。乡村生态化旅游通过对资源开发的协作博弈模型建设，对政府与其他相关利益者在乡村旅游中的作用进行均衡的博弈分析。形成一种以政府主导、利益相关者协作的乡村生态化旅游的发展模式。并提出了多项发展策略，其中包括政府的管制、各个利益相关者的管理以及各种激励制度，促进乡村生态化旅游的进一步发展。

一、探究乡村生态化旅游发展模式

乡村生态化旅游是一种满足广大游客需求的新型旅行形式，是旅游行业发展的必然趋势。也是人们贴近自然融入自然的一种最佳方式，促进人与自然和谐发展。虽然乡村生态化旅游的发展过程中，会出现各利益相关者与游客为一己私利而破坏生态环境浪费自然资源的情况，但从协作博弈模型与其相关理论方面进行分析，乡村生态化旅游的相关利益者、经营者与游客之间存在着很大的合作空间。基于这一现状，需要制定相应对策以减少乡村旅游各部分之间所产生的矛盾。最大程度提高博弈部分的协作可能性，为乡村生态化旅游的发展提供源源不断的动力。

（一）构建乡村生态化旅游品牌

品牌效应在各个行业都取得了良好的效果。在乡村生态化旅游行业中同样适用，且能对其发展起到重要的作用。从某种角度来看，乡村旅游品牌的建设能够为乡村生态化旅游吸引更多的游客，并确立行业中的生态形象，在一定程度上对乡村地区的自然资源与环境起到了保护作用。同时也反映出乡村生态化旅游在乡村地区乃至我国旅游行业中的重要地位与发展程度。乡村旅游的品牌建设也给游客带来方便，在乡村旅游地的选择过程中更具方向性，也最大程度减少游客购买旅游产品时遇到的风险。同时品牌作为乡村生态化旅游的重要组成部分，对其发展模式的完善有重要的促进作用，并能对整体系统与体质进行优化，更为乡村生态化旅游的效益提供保障。但在激烈的市场竞争环境中，乡村旅游品牌的建立也暴露出一些缺点。使原本追求自然的乡村生态化旅游增加了许多商业气息。通过相关调查研究，不难发现在乡村旅游的发展过程中，由于各利益相关者出发角度与主观认知的不同，存在博弈问题。在这种情况下，乡村旅游被利益化，其中包括经济利益与自身需求利益。这种情况的出现，使乡村旅游品牌无法发挥应有的功能。综上所述，品牌建设的生态化是乡村旅游发展的必然趋势。若想使乡村旅游品牌更加生态化，首先要从经营管理者以及游客的观念与行为开始改变。在人们的言行中，体现生态化观念，保证原始生态系统正常运行，品牌生态化更具实效性，其目的为达到对自然环境的保护。在全球经济化的大环境下，从一定程度上来说，品牌就是乡村旅游的生命力，对于品牌的建设理念，各个利益相关者有着不同的观点。由此可见，受乡村生态化旅游的多变性与复杂性影响，品牌创建的许多指标都还不够完善。从协作博弈的角度来看，乡村旅游的经营管理者应当成为博弈的一部分，在涉及乡村旅游品牌建设时，其应该时刻保持支持者的身份，从开发、经营以及管理等多方面进行品牌生态化建设，这是作为乡村生态化旅游的重要组成部分应该具备的发展方向。在遵循自然规律的前提下，对生态环境进行保护，并寻求解决矛盾冲突的方法。将生态意识与环保观念融入品牌建设的过程中，从每个细节入手，在乡村生态化旅游中形成一个完整的生态系统。在品牌的开发阶段，制定科学合理的规划方案，并配备专业的技术人员。将定量与定项因素相结合，探究乡村旅游品牌建设的可行性以及可能出现的问题，为品牌建设做好基础。在乡村生态化旅游的实际经营管理中，无论是环境的改变还是利益的诱惑，经营管理者都要毫不动摇的坚持品牌生态化理念。只有具备强烈的社会责任感与环保意识，实现生态经营，才能够延长乡村生态化旅游的生命周期，达到可持续发展的目的。此外，品牌生态化获得大量游客的推崇与支持，有利推动了经营管理者与游客之间的协作。根据协作博弈模型的发展理念，信息在整个过程中起到至关重要的作用，而品牌的建立能够使多种信息有效整合，其中包括乡村旅游品牌的信誉度、知名度等。其全面反映了某一乡村旅游产品的质量。乡村旅游经营管理者在品牌构建的过程中要注意结合其自身特点，舍弃传统品牌建设以经济效益为主的形象，将主要方向放在品牌的生态化建设方面。使乡村旅游品牌与其追求的环保、自然理念保持一致，具有一定真实性。将乡村生态化旅游最大程度上的融入生态系统，成为其中一部分。充分发挥信息在品牌建设中的重要作用，并对游客产生潜移默化的影响，使乡村环境得到保护，达到生态平衡的目的。

（二）乡村生态化旅游自觉化

人、自然与社会是相互促进相互抑制的三个部分，形成了一个辩证发展整体。它们以各自不同形式参与到乡村旅游的活动中。自然是一个抽象的概念，但却是真实存在的。人与社会在一定程度上会出现一些指导行为，在乡村生态化旅游中，为使人、自然与社会的关系更加和谐，就需要经营管理者、利益相关者以及游客等相关因素，相互协作，自觉减少矛盾的产生。自觉化是每一个组成部分内心的真实写照，也是乡村旅游发展趋势的合理体现。将自觉化形成一种习惯，保持这种平衡状态，达到天人合一的理想状态。在协作博弈模型中，会出现一些伪支持者，这也是由于各利益相关者观念意识不同所产生的必然现象。针对这一现象，乡村旅游自觉化能够将这些因素进行整合，使其相互协作。通过正确的生态观念引导，作为一种和谐因素在乡村生态化旅游中起到积极的作用。由伪支持转变为真支持。以一种自觉的状态，处理乡村生态化旅游中所存在的博弈问题，建立一个人、自然、社会相对和谐的发展模式。同时游客也要加强生态保护观念，对我们赖以生存的大自然负起责任，在对乡村进行游览的过程中，强化自觉意识。乡村旅游的经营管理者在工作中对生态化做到真实支持，实行自觉化管理。当地政府以及相关部门自觉完善法律法规，使乡村生态化更加有法可依。并适当增加资金投入，为乡村旅游的生态化发展提供动力。旅游部门可建立评比与激励制度，激发各个旅游企业的生态保护热情，使更多措施能够落到实处，有效实施，增强乡村生态化旅游的自觉性。对于生态保护的自觉性，要从日常生活中的方方面面一点一滴培养，教育部门可以在课堂中向学生传递一些生态方面的知识，如今大多数学校采用多媒体教学，使生态教育更加生动。可通过报刊、广播、电视以及网络多种媒体方式进行乡村生态化旅游知识的普及。旅行社可通过品牌的建立与有效宣传，为更多游客建立正确乡村生态化旅游环保观念。利用我们身边的可用资，建立乡村生态化旅游网络平台，使信息更具实时性与真实性，人们可在网络平台中发表自己的想法，使生态观念范围不断拓宽。

二、基于协作博弈的乡村生态旅游发展模式

所谓协作博弈理论，就是指矛盾主体之间进行博弈的过程中，对多方面因素综合考虑，并进行排序，明确各个主体的独立性，采取策略使其达到相互协作的目的，并根据其自身拥有的有利条件制定可行性的管理模型。根据协作博弈理论，以及模型中各主体的动态变化，从信息的掌握方面可分成多种协作博弈模式，具体可分为完整信息动态协作博弈理论、不完整信息动态协作博弈理论、完整信息静态协作博弈理论、不完整信息静态协作理论。如果各主体产生矛盾是在信息完整的情况下，由其行为反应状态与各要素的主次排列作为判断主体之间胜负的标准。但实际上，相互博弈的各个主体都受到利益方面的影响，并且普遍存在信息不完整的情况。因此，决定主体胜负的关键性因素是其对于信息的掌握程度与面对矛盾的决策速度。无论是在哪种状态之下，这些决定性因素都需要在特定的条件与环境，要求各主体之间利益完全对立。由此可见，在乡村旅游的发展模式中，协作博弈的理论使用是存在一些弊端的，经营管理者、利益相关者以及游客之间，在博弈的过程中，如果一方得到利益，必定会造成另一方损失。

（一）乡村生态化旅游企业之间的博弈分析

乡村生态化旅游中各主体之间是否能够相互协作，是其持续稳定发展的基础。因此要对乡村生态化旅游企业之间的博弈情况进行分析，为其科学合

理发展模式的建立起到引导作用。乡村旅游企业之间是否能形成协作关系，有三个决定性因素，第一个因素是通过协作所带来的价值，第二个因素是政府对其管控能力的大小，第三个因素是各个旅游企业为达成协作关系而付出的成本。一般情况下，如果乡村生态化旅游企业之间相互协作能带来一定价值，并且当地政府能够给予更多治理与指导，协作过程中不会产生过多成本。这种协作共生关系，将比较容易达成。

（二）博弈论视角下乡村生态化旅游的开发模式

通过总结可知，价值增值、政府干预以及成本预算是决定乡村生态化旅游持续稳定协作发展的三种因素，因此在实际发展过程中一定要对这三种因素引起重视。由协作博弈理论所产生的共生发展乡村旅游模式，在开发模式方面包含三项内容，其中最重要的一项就是对乡村生态化旅游产业链的建设，因为各个乡村旅游企业实际同在一条产业链上。若想使乡村生态化旅游建立高效稳定的发展模式，那么实现各个企业之间的协作共生、相关产业链的建立与拓宽则是一种有效方式。通常来说，乡村旅游的产业链长度与其所产生的价值是成正比的，产业链越长，说明其增值空间越大。由此可见，增加乡村旅游产业链的长度是提升其本身价值的一种重要方式。在博弈理论视角下的乡村生态化旅游开发模式也具同样道理，将模式不断拓宽以保证乡村生态化旅游的经济效益，具体可从衣食住行等六个方面着手进行开发。第一，为游客提供舒适的住宿环境，由于乡村旅游的特殊性，住宿多为乡村旅馆、别墅或独具特色的农家院等。第二，为游客提供当地美食，包括一些极具当地特色的农家菜与特产等。第三，为游客提供方便的出行，包括乡村内部交通和与外界相连接的交通条件，良好的交通基础设施，能够吸引更多周边城市的居民进行观光旅游，也是与外界联通的主要通道，是乡村旅游开发中非常关键的一部分。第四，为游客带来良好的旅游体验，其中包括对乡村优美自然环境的欣赏，以及独具特色的旅游项目，使游客最大程度上贴近自然，感受自然，体验农家生活乐趣。丰富的自然资源与原始的生态环境是乡村旅游的最大亮点，在开发过程中要注意环境的保护。第五，在游客在旅游中的购物环节，对于乡村生态化旅游，购买的多为农产品，其中包括，新鲜的水果蔬菜等，有些是未经过加工的，另一些是经过加工的高级农产品，这些产品要保证无污染、纯绿色，使其具有更高的价值。最后，为游客提供丰富的休闲娱乐活动，乡村旅游与其他旅游形式不同，参与性更强，体验种植、采摘、放牧等农业劳动，远离城市的喧嚣，利用短暂的时间体验一种全新的生活方式。这些活动的娱乐性较强，但在开发过程中要注意活动过程中的安全保障。

根据理论，延长乡村旅游行业的产业链，需要使其开发模式更加多样，同时实现对资源的合理利用。通常来说越丰富的开发模式越有利于乡村生态化旅游建设，越能达到预期效果。由于乡村生态化旅游的特殊性决定了其开发的核心内容，因此，可以以农业为基础，对资源开发方向进行拓展，完善开发模式。农业作为开发核心，具体可分为五个部分，包括播种、生长、收获、产品加工以及产品销售。这五个部分都可以参与到乡村生态化旅游开发的过程中。例如在农作物生长的过程中，可以组织游客进行观光并对农业知识进行学习，在放松身心的同时获取更多的知识。到了收获的季节，可以组织游客参与其中，体验收获的乐趣。农产品的加工阶段，可以带领游客对加工过程进行参观。通过这种方式，扩大乡村旅游的开发模式，也使旅游活动更加丰富，实现有效资源合理利用。

（三）建立联系紧密的嵌套式乡村生态旅游产业共生网

要使乡村生态化旅游建设持续发展，不但要建立有效的旅游产业链，还需要同在这条产业链的各个企业相互合作，共同发展，构建联系紧密的嵌套式乡村生态旅游产业共生网。嵌套式共生网中的乡村旅游大体可分为两部分，即乡村农业部分和乡村休闲部分。乡村农业包括农产品的种植、收获以及农产品加工，游客可以进行农事体验，农业参观等。乡村休闲包括体验、娱乐等多种方面，这是乡村生态化旅游的核心内容，带动其整体发展。嵌套式乡村旅游生态网中还包括各种旅游行业周边企业，除一些大型或中小型企业外，还有相关的服务中心与旅游垃圾处理部门等。其中中小型企业包括民宿、农舍、当地旅行社等。这些不同种类的企业相互关联，构成了紧密的产业共生网。关系网的建立，给游客带来了更多的便利。例如乡村农业能够为游客提供新鲜的食材，旅游服务中心加强了游客与经营管理者之间的联系。同时还能够为各个企业提供服务，平均客源的分布，实现资源共享，共创利益。乡村垃圾处理部门，对自然环境保护起到重要作用，负责各个企业与游客产生的生活垃圾、工业垃圾的处理，使这些垃圾再次利用。减少污染的同时，实现了资源的合理利用。

三、基于协作博弈的乡村生态化旅游发展模式优化的探讨

在整个乡村生态化旅游市场的协作博弈环境中，当地政府起到指引与开发的作用，不但能对开发的乡村生态景点进行选择，还能对乡村基础设施进行建设。对行业开发前景进行规划的同时，以政府的形象进行宣传，增加乡村生态化旅游的信誉程度，使乡村生态化旅游的发展模式得到优化。除此之

外，还有另一种开发方式，即当地政府给予乡村生态化旅游足够的空间自由发展，除对其保持一定的供给外，不进行干预。综合来看，从协作博弈的角度出发，当地政府对于乡村生态化旅游发展模式通过两方面进行优化。基于这一现状，乡村旅游的投资企业也有两种开发模式，即投资开发与不投资开发。这些企业的最终目的是通过对乡村生态化旅游的投资，从而产生更多的经济效益，因此应将模式的建立与相关投资企业看成一个整体，共同参与到乡村旅游市场的运行之中。并进行有效投资，积极发展乡村旅游以及周边产业。与之相反的均可视为不投资开发模式。作为博弈主体的政府与投资企业都有两个发展模式可以选择，因此在协作博弈中，一共有四种模式，不同发展模式的选择都会对收益成本造成一定影响。第一种发展模式为协作性开发投资模式，当地政府与投资企业都以积极的心态为乡村生态化旅游发展做出努力，这时双方得到的利益是最大的。其中当地政府的收益不仅体现在经济方面，还包括一定的社会效应。从一定程度上来说，各个企业付出大量成本参与到市场运营中，而收益却没有当地政府多，会使投资企业失去积极性，同时也不符合资源分配的规则。利益分配时，企业与政府相比要更多一些，在双方共同努力下，利益均可得到提升。第二种发展模式，政府开发、企业不投资。这种方式企业与政府之间的协作关系没有达成，只有政府的规划与开发，却没有投资企业来执行，不存在任何经济效益。第三种发展模式是政府不干预、企业开发与投资。这种发展方式需要依靠乡村旅游企业自身的力量，不但要进行开发工作，还需要花费成本投资，在这一过程中，如果得不到政府的大力支持，旅游企业必定会在很多方面受到制约，乡村基础设施也无法完善，虽然通过这种方式也会带来一定收益，但与第一种发展模式相比仍然相差甚远。收益是相对固定的，政府能够通过税收的方式获得一定的经济利益，但是会失去社会效益。当地乡村旅游市场萧条，会对投资企业造成很大影响，在开发投资过程中，困难的增多必然会加大投入的成本，使企业的经济效益从一定程度上受到影响。政府在乡村生态化旅游开发过程中具有重要作用，如果脱离政府，很难实现利益的最大化。更无法带动乡村地区的经济发展，不能使生态经济得到良性循环。当地政府的参与使乡村旅游更加生态化，脱离了政府的管控，乡村旅游的生态化建设就会偏离。由此可见，为使乡村旅游发展模式更加优化，需要利益相关者的协作与共同努力，形成一个良好的协作博弈关系，达到双赢的目的。从成本与利益的角度出发，若开发的旅游产品适应市场需求与生态经济需求，并且能带来更大利益，在这种情况下，当地政府与投资企业通常会采取完全协作的方式，使利益最大化，并保证乡村生态化旅游的持续稳定发展。由当地政府作为保障，对乡村旅游资源进行开发，达到合作共赢的目的。

乡村生态化旅游与传统旅游有较大差别，传统形式上的旅游多注重其观赏性，通过多种方式来获得最大限度地经济收益，对游客在旅游中的参与度并不重视。而乡村生态化旅游多数注重人与自然的结合、生活体验等。其在获取经济效益的同时，还增强了社会效益，使人们的环保意识也随之提高，实现了人、自然、社会的和谐统一。完善的基础设施是旅游者选择目的地的一个重要因素，也是旅游者顺利到达乡村旅游产业园的重要保障，在乡村生态化旅游的发展过程中，要对乡村结构进行适当调整，加强基础设施建设，使其实现可持续发展的目标。通过协作博弈模型与理论，对乡村生态化旅游中各个主体之间的行为与矛盾进行分析，达到共赢目的，并对产生矛盾的原因进行探究，制定相应解决措施。在乡村生态化品牌的建设以及乡村旅游开发方面都应更加自觉化，各个主体需认识到自身承载的社会责任，从各个方面将生态环保意识贯彻。协作博弈理论与乡村生态化旅游的发展相结合，使其模式不断优化。在这一过程中离不开经营管理者、利益相关者以及游客的协作，各个组成部分在发展模式中，逐渐融合、相互促进、相互制约，最终形成一个稳定的发展模式，无论对乡村生态化旅游的发展还是环境资源保护都发挥了重要作用。

参考文献

[1] 成都地区农村实用系列图书编写组 . 乡村休闲旅游市场营销基础 [M]. 成都 : 成都时代出版社 ,2008.

[2] 史学楠 . 中国乡村休闲经济发展研究 [D]. 北京 : 中央民族大学 ,2012.

[3] 王金华 . 我国乡村休闲旅游发展问题研究 [D]. 河北 : 燕山大学 ,2011.

[4] 贾荣 . 乡村旅游经营与管理 [M]. 北京 : 北京理工大学出版社 ,2016.

[5] 刘光 . 乡村旅游发展研究 [M]. 青岛 : 中国海洋大学出版社 ,2016.

[6] 李卫东 . 乡村休闲旅游与景观农业 [M]. 北京 : 中国农业大学出版社 ,2019.

[7] 朱万峰 , 时玉亮 , 王好勇 . 旅游导向的美丽乡村发展乡村旅游与休闲农业探索研究 [M]. 北京 : 新世界出版社 ,2014.

[8] 韦夷 . 乡村生态化旅游与农村经济增长研究 [M]. 吉林 : 吉林出版集团股份有限公司 ,2018.

[9] 沈昊 , 钱振澜 , 王竹 , 王珂 . 乡村休闲体验产业发展与乡村营建研究述评与展望 [J]. 建筑与文化 ,2019(12):172-175.

[10] 赵璟璐 , 李瑞婷 , 刘婉琳 . 探析乡村休闲旅游产业的开发 [J]. 山西农经 ,2020(01):59-62.

[11] 戴湘毅 , 岳菊 , 涂文慧 . 北京市平谷区乡村休闲旅游发展路径研究 [J]. 江苏农业科学 ,2020(02):1-7.

[12] 李畅 . 基于美丽乡村建设背景下的乡村休闲旅游发展路径探索 [J]. 农村经济与科技 ,2020(06):64-65.

[13] 张倩 . 美丽乡村建设视域下的农村休闲旅游规划研究 [J]. 农业经济 ,2020(05):54-56.

[14] 刘雪山 , 高燕翔 . 乡村振兴与农村休闲旅游经济发展 [J]. 农家参谋 ,2020(11):4.

[15] 朱中原 , 王蓉 , 胡静 , 李亚娟 . 江西省乡村休闲旅游地类型划分与空间格局研究 [J]. 长江流域资源与环境 ,2020(04):824-835.

[16] 宋旭超 , 崔建中 . 农村人居环境整治与发展乡村休闲旅游有机结合研究 [J].

农业经济 ,2020(07):46-48.
[17] 李周 . 乡村振兴战略背景下乡村休闲旅游的发展策略——兼论自然景观资源公益化 [J]. 求索 ,2020(04):14-21.
[18] 田健 . 国内乡村休闲旅游发展研究 [J]. 市场周刊 ,2020(07):67-68.
[19] 张路路 , 刘梦娜 , 王晓峰 , 仲秋鹤 , 尹梦仙 . 乡村休闲旅游发展中的土地瓶颈与对策建议 [J]. 中国市场 ,2020(22):68-69.
[20] 张秋芳 . 苏州地区乡村休闲旅游产品及发展模式探究 [J]. 对外经贸 ,2014(01):72-74.
[21] 邱如梅 . 乡村休闲旅游项目开发可行性研究——以开封市范村乡为例 [J]. 中外企业家 ,2016(01):47-48.
[22] 明庆忠 , 刘宏芳 . 乡村旅游 : 美丽家园的重塑与再造 [J]. 云南师范大学学报 (哲学社会科学版),2016(04):79-87.
[23] 胡勇兵 . 九江市乡村休闲旅游产品设计及创新策略 [J]. 长江工程职业技术学院学报 ,2018(04):62-65.
[24] 孙爱民 . 乡村振兴战略背景下的“乡村旅游 +”产业化发展策略探析 [J]. 全国流通经济 ,2018(35):90-92.
[25] 魏九峰 . 我国乡村休闲旅游从旅游管理到旅游治理的发展逻辑与取向 [J]. 农业经济 ,2019(01):55-57.
[26] 刘洋 , 黄国林 , 曾斌 , 张力 , 唐桂梅 , 欧阳娟 , 李卫东 . 乡村休闲旅游中景观农业的分类及应用 [J]. 安徽农业科学 ,2019(01):121-122.
[27] 马霞 . 乡村休闲旅游开发中循环经济理论的应用探索 [J]. 农业科技与信息 ,2019(04):72-73.
[28] 林晓娜 , 王浩 , 李华忠 . 乡村振兴战略视角下乡村休闲旅游研究 : 村民参与、影响感知及社区归属感 [J]. 东南学术 ,2019(02):108-116.
[29] 郝雅秀 , 薛程 , 章琪 . 以解释结构模型分析乡村休闲旅游发展影响因素 [J]. 文化产业 ,2019(09):4-6.
[30] 车焱森 , 许建康 , 方书婷 . 乡村区域文化元素与产业经济融合的研究——以南京市永宁街道为例 [J]. 中国成人教育 ,2019(17):90-93.
[31] 刘晓英 . 山西省乡村休闲旅游地空间分布特征及影响因素研究 [J]. 中国农业资源与区划 ,2019(10):262-268.
[32] 乌兰 . 基于休闲农业与乡村旅游协同发展的政府职能 [J]. 山东工商学院学报 ,2019(06):105-111.
[33] 周觉 . 北京市城镇居民的乡村休闲旅游需求研究 [J]. 科技经济导刊 ,2016(31):1-5.